WordPress

DU SIMPLE BLOG AU SITE E-COMMERCE

S. YOUSSOUF

Table des matières

Avant-propos

Vous êtes artisan, artiste, fonctionnaire, commerçant, chef d'entreprise et même informaticien ou vous exercez une autre profession et l'idée de créer votre propre blog, votre site web ou votre boutique électronique est devenue pour vous un véritable engouement. Mais aussitôt que cette idée vous revient à l'esprit, vous vous rétractez. Cela vous paraît impossible étant donné que la programmation web et vous, ça fait deux. Eh bien, détrompez-vous ! Avec l'arrivée en masse et la montée en puissance des systèmes de gestion de contenu, créer son site internet aujourd'hui est devenu une tâche bien plus simple que cela ne l'a jamais été.

Parmi ces outils figure WordPress, devenu aujourd'hui le CMS (système de gestion de contenu, Content Management System en anglais) le plus utilisé au monde. Conçu à la base, au début des années deux mille, pour être un moteur de gestion de blog, il n'a cessé de gravir les échelons, jusqu'à devenir aujourd'hui l'un des CMS les plus incontournables dans le monde du web.

Qu'il s'agisse de créer votre blog, de mettre en place votre site social, votre site vitrine, une boutique électronique, un forum, un chat ou bien d'autres choses encore, l'opération vous paraît sans équivoque et le résultat est sans appel. Ceci est dû à une prise en main facile de l'outil, mais aussi à une communauté d'utilisateurs très large qui fait évoluer le mouvement et veille sur l'évolution du programme. *Du simple blog au site e-commerce*, qui se veut un livre simple et pragmatique, saura vous faire découvrir les rouages de ce puissant outil, jusqu'à ce qu'il n'ait plus aucun mystère pour vous. Vous y trouverez de nombreux exemples et d'abondantes illustrations, favorisant une prise en main aisée du CMS.

Partie I

Prise en main de WordPress

Découverte et installation de WordPress

WordPress est un CMS (système de gestion de contenu) libre et gratuit. Cela signifie que tout le monde peut le télécharger, s'en servir, voire le modifier et le redistribuer. Il est développé à partir du langage de programmation web PHP reposant sur la base MYSQL.

Comme son nom l'indique, un CMS est un programme qui sert à créer et gérer du contenu web avec aisance. Facilitant ainsi à l'utilisateur la mise en place d'un blog ou d'un site web, sans y ajouter quelque code que ce soit ou en toucher le cœur.

Bien qu'il s'agisse d'un système de gestion de contenu renommé, WordPress ne se limite pas à la seule gestion d'un contenu textuel, graphique ou sonore. Il fait bien plus que cela. Sa vocation, aujourd'hui, va de la création et de la gestion d'un simple blog à l'élaboration d'un programme web multidimensionnel : site communautaire, boutique électronique et bien d'autres projets encore. Cette omnipotence est due à plusieurs facteurs. Premièrement, sa prise en main aisée : c'est bien connu, WordPress est l'un des CMS les plus dociles à utiliser, si ce n'est le plus docile ; deuxièmement, sa capacité à s'étendre au moyen de la multitude d'extensions (*plugin* en anglais) présentes sur sa base et sur la toile, lui permettant d'ajouter d'innombrables fonctionnalités ; troisièmement, une communauté très élargie et bien active sur la toile, qui veille à l'évolution du programme et du mouvement, répondant ainsi aux questions et aux attentes des utilisateurs.

Historique

C'est en 2003 que voit le jour WordPress, sous l'étiquette d'un moteur de gestion de blog. Il est le fruit de la collaboration de Matt Mullenweg et Mike Little qui ont décidé, en janvier 2003, de reprendre le développement de b2, qui n'est autre que l'ancêtre de WordPress, lui-même ayant été un moteur de blog, et qui l'ont, au mois de mai de la même année, rebaptisé WordPress.

Un an après son lancement, des progrès considérables se font constater, notamment avec l'apparition dans la version 1.2 d'une politique de gestion d'extension et grâce à l'internationalisation du programme. Le programme suit son cours jusqu'en 2005, date à laquelle WordPress prend un tournant majeur en devenant un système de gestion de contenu à part entière. Le succès ne se fait pas attendre, à tel point qu'au cours de cette même année, Matt Mullenweg décide de créer la société Automattic afin d'assumer la totale gestion et l'administration du projet. Devenue ainsi la maison mère de WordPress, cette société donne naissance par la suite à plusieurs projets liés au CMS. Parmi ceux-ci figurent les extensions bbpress, buddypress, Akismet et le célèbre hébergeur de blog « www.wordpress.com ».

Quelques années plus tard, en 2011 plus précisément, la WordPress Foundation voit le jour. Il s'agit d'une fondation créée par Automattic dans le but de placer sous sa direction le programme WordPress ainsi que les projets open source qui lui sont liés, de telle sorte que tout un chacun puisse contribuer à l'évolution des différents projets.

Installation de WordPress

Les professionnels de WordPress l'installent et le configurent en moins de cinq minutes, tant ces opérations sont simples et rapides. Pour les débutants, il faut compter environ un peu plus d'une quinzaine de minutes, voire davantage (sachez que certains hébergeurs web proposent d'effectuer l'installation de WordPress à votre place, si vous le souhaitez).

Partons du principe que vous vous êtes déjà procuré votre pack d'hébergement (nom de domaine, période et services d'hébergement). Si ce n'est pas le cas, je vous invite à faire un tour sur la toile, plusieurs prestataires de ce service y proposent des offres intéressantes.

Pour cet exercice, un hébergement de type basique (perso) nous suffit amplement.

Vous avez choisi votre hébergeur web, passons maintenant à l'étape suivante, celle qui consiste à envoyer les fichiers de WordPress sur le serveur. En effet, ces fichiers sont indispensables à l'installation de WordPress. Pour ce faire et afin d'établir la connexion avec le serveur distant, munissez-vous des informations que votre hébergeur vous aura communiquées (nom d'hôte, nom de compte, mot de passe, etc.). À présent, passons à l'acte.

Envois des fichiers sur le serveur

Pour installer WordPress, il faut d'abord transférer ses fichiers sur le serveur. Comment procéder ? Rien de plus simple, il convient en premier lieu de télécharger le fichier compressé de WordPress sur son site officiel (https://fr.wordpress.org), de l'extraire avec un programme de décompression, bien sûr, puis, par le biais d'un logiciel de transfert de fichier (FTP), de copier les fichiers de WordPress vers le serveur distant.

Voyons tout cela un peu plus en détail, plus précisément en deux étapes.

Premièrement : télécharger et installer WordPress.

Pour ce faire, ouvrez votre navigateur sur la barre d'adresse et tapez l'adresse du site officiel de WordPress : www.wordpress.org (https://fr.wordpress.org/ la version française).

À droite de la page ouverte, cliquez sur le bouton « télécharger WordPress », puis enregistrez le fichier.

WordPress étant téléchargé, à l'aide d'un logiciel d'extraction, décompressez le fichier « wordpress.zip » que vous venez de télécharger.

Nom	Modifié le	Type	Taille
wordpress	18/09/2015 00:00	Dossier de fichiers	
wordpress-4.3.1-fr_FR.zip	26/09/2015 15:32	Archive ZIP WinRAR	7 365 Ko

Dossier de WordPress après la décompression

Deuxièmement : télécharger et installer FileZilla.

FileZilla est un logiciel ftp (*file transfer protocole* en anglais, ce qui signifie : protocole de transfert de fichier), gratuit et multiplateforme (il fonctionne avec Microsoft Windows, Mac OS et Linux). Il va nous permettre de transférer les fichiers de WordPress vers le serveur distant, comme nous l'avons souligné plus haut.

Sachez tout de même que la quasi-totalité des hébergeurs web proposent un outil de transfert de fichier via leur page d'administration (appelé *control panel*), mais il est préférable et vivement conseillé de se servir d'un logiciel FTP tel que FileZilla, car c'est à la fois simple, rapide et pratique.

Pour vous procurer FileZilla, rendez-vous sur le site officiel du programme (www.filezilla.fr). Téléchargez la version adéquate à votre système d'exploitation et installez-la sur votre ordinateur.

Munissez-vous des informations de votre compte d'hébergement que le prestataire de ce service vous aura communiquées (nom d'hôte, nom de compte, mot de passe), car nous allons nous en servir pour nous connecter sur le serveur distant via FileZilla.

Si ce n'est pas encore fait, installez le programme et ouvrez-le. Saisissez ensuite les informations permettant l'établissement de la connexion entre votre ordinateur et le serveur distant. C'est compliqué ? Voyons tout cela d'un peu plus près. Dans la fenêtre ouverte de FileZilla, dans le champ de saisie « Hôte », saisissez le nom du compte ftp que vous avez créé chez l'hébergeur ; dans « Identifiant », saisissez le nom de l'utilisateur du compte ; dans « Mot de passe », saisissez le mot de passe. Le prestataire des services d'hébergement devra vous communiquer toutes ces informations après que vous vous serez procuré l'hébergement chez lui.

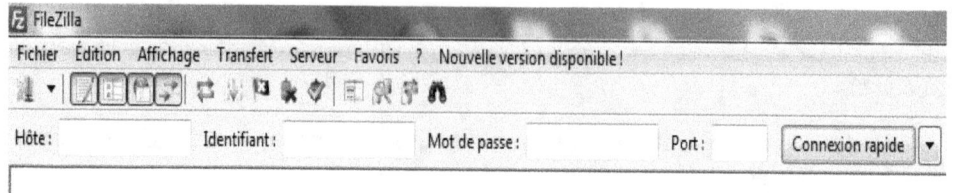

Espace de connexion de FileZilla

Jusque-là tout va bien ? La connexion avec le serveur distant est-elle établie ? D'accord. Si par malheur la connexion échoue, ne paniquez pas, c'est juste parce que vous avez mal saisi les informations permettant d'établir la connexion (nom de domaine, compte ftp, mot de passe). Dans ce cas-là, je vous invite à vérifier si vous avez bien saisi les informations et, si la connexion ne s'effectue toujours pas, adressez-vous à votre fournisseur de services d'hébergement.

Une fois la connexion établie, un message de notification apparaît en haut du module du site local (site local signifie votre ordinateur). Ainsi, vous apercevrez le serveur distant sur la partie droite de la fenêtre du logiciel.

Sur la partie gauche de FileZilla, il y a le site local (votre ordinateur) dans lequel se trouve le dossier de WordPress. Nous allons transférer les fichiers qui sont dans ce dossier et servent à l'installation de notre site vers le serveur distant, afin de procéder à l'installation.

Pour ce faire, sur le site local, trouvez le dossier de WordPress. Sélectionnez-le. Ensuite, sur le module qui se trouve juste en dessous, apparaissent les fichiers se trouvant dans le dossier de WordPress. Sélectionnez-les, puis faites un glisser-déposer dans le dossier « /www » du site distant (voir figure).

Suivez le processus du transfert sur le module d'en dessous, en bas du programme.

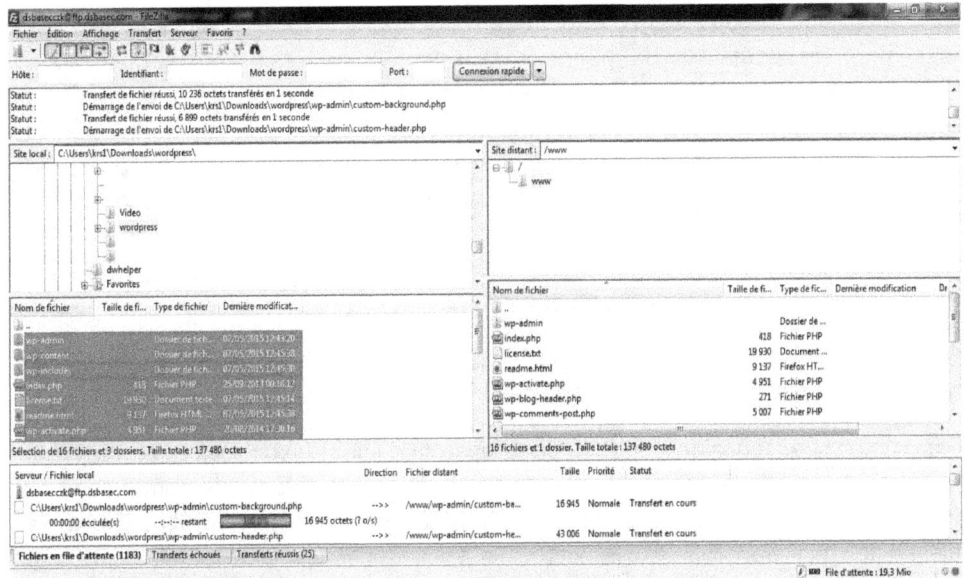

Transfert des fichiers de WordPress à partir de l'ordinateur vers le serveur distant

L'opération de transfert de fichier s'étant déroulée avec succès, il ne reste plus maintenant qu'à procéder à l'installation et à la configuration de WordPress. Si toutefois vous rencontrez des difficultés à envoyer les fichiers sur le serveur, n'hésitez pas à demander de l'aide auprès de votre fournisseur de service hébergement ; à relire le cours dès le début ; à lire la documentation de WordPress sur le site officiel www.wordpress.org ; à poser des questions sur les forums traitant des sujets liés au module d'installation de WordPress.

Installation et configuration de WordPress

Si vous êtes arrivé jusqu'ici, c'est parce que vous venez de franchir les étapes les plus complexes (osons le dire) pour un débutant. À savoir : le choix du prestataire de services d'hébergement (création de nom de domaine, de compte ftp, mot de passe, etc.) et le transfert des fichiers sur le serveur distant. Pour le reste, je peux vous le garantir, ça coulera comme de l'eau de source, il vous suffit de suivre les cours avec attention et de pratiquer en même temps.

WordPress étant un CMS écrit en PHP et reposant sur une base de données MYSQL, son installation nécessite avant tout la création d'une base de données destinée à accueillir WordPress.

À cet effet, retournez sur l'espace d'administration de votre compte chez l'hébergeur, créez une nouvelle base de données, nommez-la. Ensuite, attribuez-lui un mot de passe. La création de la base régénère des informations que vous devez minutieusement garder pour vous en servir au moment de l'installation de WordPress.

7

Maintenant que la base vient d'être créée, retournez sur votre navigateur, saisissez votre nom de domaine (du genre www.le-nom-de-votre-site.com) et validez. Il s'affiche alors une page d'erreur qui indique que WordPress ne trouve pas le fichier « wp-config.php ». Celui-ci est indispensable pour lancer l'installation. Nous allons donc le créer en cliquant sur « créer le fichier de configuration ». Arrivé sur la page suivante, le programme vous signale qu'il a besoin des informations de la base de données pour pouvoir aller de l'avant. Vous souvenez-vous des informations de la base de données que vous venez de créer auprès de votre hébergeur ? Préparez-les, car c'est le moment de vous en servir ; ensuite, cliquez sur « allons-y ».

Vous allez enfin terminer l'étape de l'installation de votre site en saisissant les informations de la base, puis passer à l'étape de la configuration de celui-ci.

Commencez par renseigner le nom de la base que l'hébergeur vous a fournie, faites de même pour l'identifiant et le mot de passe. Le nom d'hôte est le nom du serveur de la connexion de la base de données ; en ce qui concerne le préfixe des tables laissez tel qu'il apparaît. En revanche, si vous souhaitez installer plusieurs sites WordPress sur le même serveur (car c'est tout à fait possible), vous serez obligé de le modifier en ajoutant un chiffre ou une lettre à la fin. Ensuite, validez. Voilà, il ne vous reste plus qu'à démarrer l'installation de WordPress en cliquant sur le bouton « lancer l'installation ».

Vous devez saisir ci-dessous les détails de connexion à votre base de données. Si vous ne les connaissez pas, contactez votre hébergeur.

Nom de la base de données		Le nom de la base de données dans laquelle vous souhaitez installer WordPress.
Identifiant		Votre identifiant MySQL
Mot de passe		...et son mot de passe MySQL.
Adresse de la base de données		Si localhost ne fonctionne pas, votre hébergeur doit pouvoir vous donner la bonne information.
Préfixe des tables	wp_	Si vous souhaitez faire tourner plusieurs installations de WordPress sur une même base de données, modifiez ce réglage.

Envoyer

Page d'installation de WordPress

Une fois l'installation terminée, WordPress vous dirige vers une page de bienvenue sur laquelle vous allez renseigner le titre du site, l'identification, le mot de passe dont vous vous servirez pour vous connecter sur l'espace d'administration du site (back-office). Et puis, en dessous de votre adresse de messagerie, si vous voulez que votre site soit indexé par les moteurs de recherche tels que Google et autres, cochez cette case, sinon décochez-la, puis cliquez sur « installer WordPress ». Et voilà, on y est, votre site est déjà en ligne, il vous suffit de taper son adresse sur le navigateur, vous constaterez par vous-même qu'il est bien en ligne.

Dans les chapitres à venir, nous verrons comment le modifier, créer vos premières pages et articles, ajouter des fonctionnalités, des options, voire créer une boutique, etc.

Installer WordPress sur son ordinateur (local)

Installer WordPress sur son ordinateur (en local) permet à l'utilisateur de découvrir, de tester plus amplement et de s'habituer à WordPress, avant de l'installer sur un serveur distant.

Nous avons vu précédemment que WordPress est un programme écrit en PHP, reposant sur une base MySQL, il est donc indispensable que vous transformiez votre ordinateur en un serveur web afin qu'il puisse accueillir et faire fonctionner WordPress. Que vous soyez sous Microsoft Windows, Mac OS ou Linux, il existe plusieurs programmes conçus spécialement pour faire cela (transformer votre ordinateur en un serveur web).

Sous Microsoft Windows par exemple, il y a WAMP. MAMP, pour Mac OS et LAMP pour Linux.

Installation sous Microsoft Windows

Sous Microsoft Windows, nous optons bien évidemment pour WampServer (qui n'est d'autre que l'acronyme de : Windows pour le système d'exploitation Apache pour le serveur web capable de faire tourner le langage PHP-MySQL pour le système de gestion de base de données-PHP pour le langage de programmation).

Pour l'installer, rendez-vous sur le site officiel du programme à, l'adresse suivante : www.wampserver.com et téléchargez la version en adéquation avec votre système d'exploitation Microsoft Windows, 32 ou 64 bits, et enregistrez-la, puis il vous faut l'installer. Une fois le programme installé, une icône apparaît sur la zone de notification. De couleur verte si le programme est démarré, rouge s'il ne l'est pas encore. Retournez ensuite sur le navigateur et tapez l'adresse http://localhost/, vous obtenez la page d'accueil de « WampServer », ce qui signifie que l'installation du serveur s'est bien déroulée et qu'il est prêt à l'emploi.

Vous pouvez arrêter ou redémarrer WampServer à partir de cette même icône, en effectuant un clic dessus.

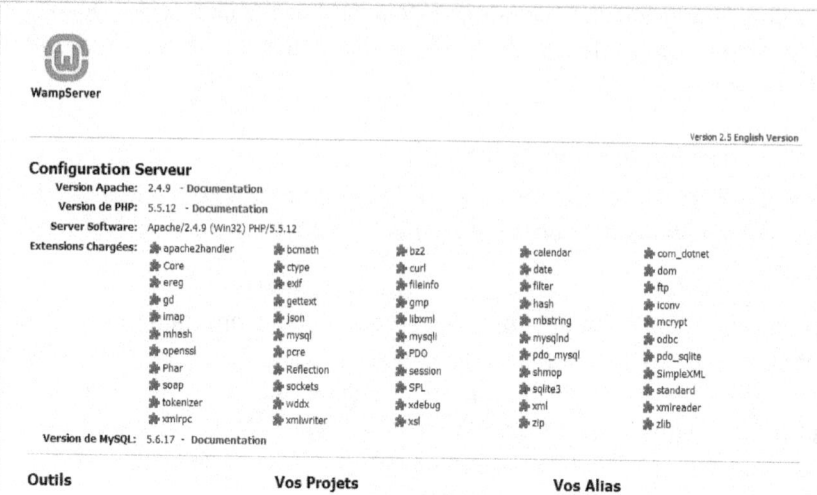

Page d'accueil du serveur local

Sur la page d'accueil de wampserver (http://localhost) cliquez sur « phpmyadmin », afin de créer la base de données de WordPress. Tapez « WordPress » comme nom de la base de données et cliquez sur « créer ».

Téléchargez ensuite WordPress, extrayez-le et placez le dossier dans le répertoire, « C\wamp ».

Rouvrez le navigateur sur la barre d'adresse, tapez l'adresse suivante : http://localhost/wordpress et continuez l'installation.

Sur la page ouverte, à savoir les informations concernant la connexion à la base de données, on ne modifie pas grand-chose. À part l'identifiant qu'il faudra remplacer par « root » et le mot de passe qui sera vide. Mais pour le reste, c'est-à-dire le nom de la base, le nom d'hôte, le préfixe de table… ils resteront tels qu'ils sont. Validez ensuite et continuez.

Par la suite, vous configurez comme nous l'avons vu pour le site installé sur le serveur distant. C'est-à-dire la création du nom d'utilisateur et du mot de passe qui vont vous permettre de vous connecter sur l'espace d'administration de WordPress.

Installation sous Mac OS

Sous Mac OS, nous optons pour le logiciel Mamp (Mac, Apache, MySQL, PHP). Téléchargez-le gratuitement sur le site : www.mamp.info. Après avoir téléchargé le fichier compressé de mamp , décompressez-le et exécutez le fichier qui comporte l'extension « .pkg » afin de lancer l'installation. Une fois l'installation terminée, rendez-vous dans le dossier (application>mamp) pour lancer « Mamp Server ». Après que le serveur a démarré (cliquez sur « démarrer les serveurs » si ce n'est pas le cas), ouvrez la page d'accueil de MAMP afin de confirmer le bon fonctionnement de celui-ci.

Il ne vous reste plus qu'à créer la base de données au nom de WordPress dans phpmyadmin, en cliquant sur phpmyadmin à partir de la page d'accueil de Mamp et à renseigner le champ comme nous l'avons vu précédemment avec le cas de Windows. Ensuite, téléchargez « wordpress.zip », décompressez-le, placez le dossier WordPress sur le répertoire « /users/nom d'utilisateur/site ». Puis lancez WordPress en saisissant l'adresse « localhost:8888/WordPress » sur la barre d'adresse du navigateur.

Commencez l'installation de WordPress en cliquant sur « créer un fichier de configuration ». Renseignez les champs par : « WordPress » comme nom de la base données ; « root » pour l'identification et le mot de passe. Vous laissez tels qu'ils sont « Hôte » de la base de données ainsi que le préfixe de la table et vous validez pour terminer l'installation.

Installation sous Linux

Si vous êtes sous Linux, téléchargez et installez LAMP (Linux, Apache, Mysql, PHP), puis phpmyadmin. N'oubliez pas de choisir « apache » comme serveur web à configurer au moment de l'installation de ce dernier. Rendez-vous sur la page de phpmyadmin (localhost/phpmyadmin), pour créer la base de données. Téléchargez ensuite WordPress, décompressez-le et placez-le dans le répertoire « /var/www ».

Retournez sur le navigateur et tapez « localhost/WordPress » et, ainsi, poursuivez l'installation de celui-ci comme nous l'avons vu précédemment.

L'installation de WordPress achevée, connectez-vous sur l'espace d'administration de WordPress en tapant, dans la barre d'adresse navigateur, le nom du site suivi d'un slash et « wp-config.php » (comme ceci : nom-du-site/wp-config.php), pour le site distant. « localhost/wordpress/wp-config.php » pour le site en local sous Windows et Linux. « localhost:8888/wordpress/wp-config.php » pour un site local sous Mac OS.

Saisissez le nom d'utilisateur ainsi que le mot de passe que vous avez créé au moment de l'installation de WordPress, puis validez.

Espace de connexion de WordPress

L'espace d'administration de WordPress (appelé « back-office ») est l'endroit où vous allez passer la plupart de votre temps pour votre site. En effet, c'est à partir de cet espace que vous allez configurer, administrer, créer, modifier, supprimer et mettre en valeur le contenu de votre site.

Cet espace est composé :

- D'un en-tête : avec à sa gauche le logo de WordPress, qui sert aussi de lien vers la page « à propos de WordPress » sur le site officiel, et un sous-menu avec des liens qui mènent vers le site officiel de WordPress (fr.wordpress.org), la page de documentation (codex WordPress), forum d'entraide. Ensuite, vous avez le nom de votre site, qui sert aussi de lien vers la page d'accueil de celui-ci. Une icône qui sert d'indice et de lien vers les commentaires en attente de modération (voir chapitre commentaire). Un lien nommé « créer », qui sert à créer rapidement une page, un article, un utilisateur, etc., de la même manière que si vous passez par les rubriques dédiées.
- À sa droite, par un petit message de salutation à l'utilisateur connecté, qui sert aussi de lien vers la page du profil, et un sous-menu pour modifier son profil, se déconnecter, etc.
- D'un menu administrateur, regroupant toutes les fonctionnalités permettant la création, la configuration, l'administration du site et de WordPress.
- D'un pied de page, avec à sa gauche un petit message qui fait office de remerciement pour avoir choisi WordPress comme outil de création, ainsi que la version du programme.

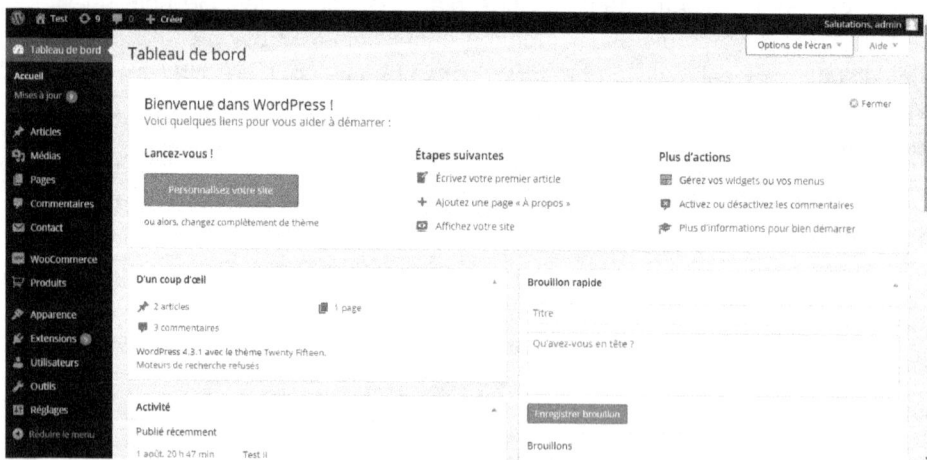

Espace d'administration de WordPress (back office)

Tableau de bord

Le tableau de bord est la page d'accueil de l'espace d'administration de WordPress. Il est composé de plusieurs blocs qui offrent un aperçu sur les différentes fonctionnalités de WordPress. On trouve aussi sur cette page quelques éléments concernant le contenu de votre site (articles, pages, commentaires, etc.) et quelques informations sur les nouveautés de WordPress.

On peut personnaliser l'affichage du tableau de bord en activant ou en désactivant les options d'affichage de l'écran, par un simple clic sur le bouton « options de l'écran » situé en haut de la page, à droite de l'écran, juste en dessous de l'en-tête de WordPress.

Réglages généraux

Avant d'installer, de configurer ou de publier quoi que ce soit sur le site, il faut songer tout d'abord (c'est vivement recommandé) à configurer les réglages généraux de celui-ci : le titre, le slogan, l'adresse web, la messagerie, etc.

Alors, de ce fait, rendez-vous dans la catégorie « réglages » puis « général » (réglages→général). La page ouverte indique l'état des réglages généraux actuels du site.

À vous maintenant soit de passer à la modification de ceux-ci et d'enregistrer les modifications que vous effectuez, soit de les laisser comme ils sont.

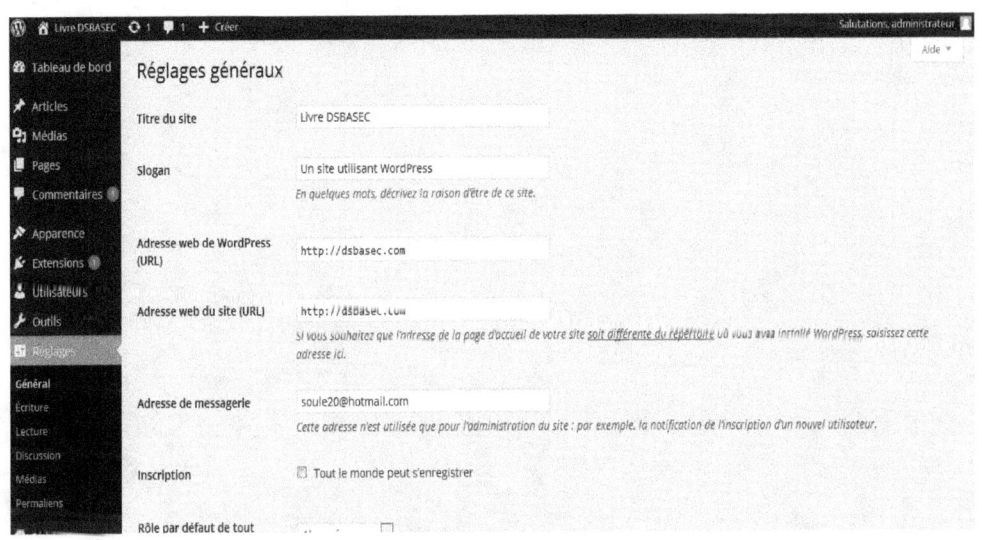

Page des réglages généraux de WordPress

Comme vous pouvez le voir vous-même (figure 10), le « titre du site » figure en premier. Celui-ci, comme tout titre, est très important pour le site, car il fait office de nom de ce dernier. Il sert aussi d'affiche comme en-tête sur le navigateur et sur bon nombre de thèmes, notamment ceux de WordPress installés par défaut.

On y trouve également le slogan qui sert de description du site, l'adresse web de WordPress et celle du site, car on peut installer WordPress sur un répertoire différent de celui de l'adresse web. Ensuite se trouve l'adresse de messagerie que vous avez renseignée au moment de l'installation de WordPress, ce doit être l'adresse de l'administrateur du site, car les différents messages de WordPress lui seront destinés.

Vous avez aussi une case à cocher, nommée « inscription ». Celle-ci, une fois activée, permettra à tout le monde de s'enregistrer sur le site (voir chapitre suivant).

Pour ce qui concerne le reste, vous trouvez aussi votre fuseau horaire, le format de la date, de l'heure ; le jour où débute votre semaine et le bouton « enregistrer ». Il vous appartient, maintenant que vous connaissez le rôle de chaque élément, d'effectuer le paramétrage des réglages généraux à bon escient.

Choix et installation du thème

Un thème WordPress est une collection de fichiers et de scripts (HTML, PHP, CSS, JavaScript, etc.) appelée Template (en anglais), qui forme l'apparence graphique et l'ergonomie d'un site web. Étant donné que l'interface graphique et l'ergonomie de votre site web dépendent de celui-ci, il est important de choisir un thème en rapport avec le sujet traité par le site.

Par exemple, ne pas opter pour un thème d'album photo alors que vous souhaitez créer une boutique électronique.

Installation d'un thème

Depuis le début de 2015, WordPress installe et utilise le thème « Twenty Fifteen », comme thème par défaut. Cliquez sur le nom de votre site, sur l'en-tête de l'espace d'administration pour vous rendre sur le site, afin d'apercevoir le thème installé.

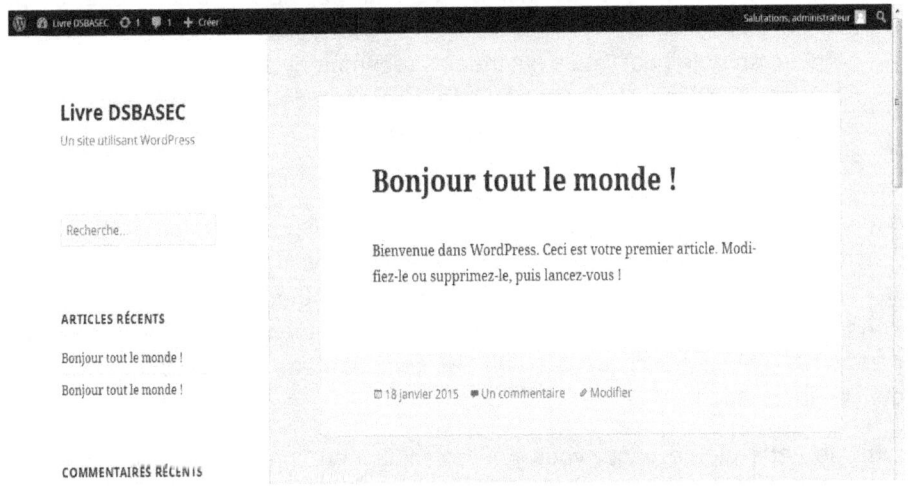

Le site WordPress avec le thème « Twenty Fifteen »

WordPress possède un système d'administration et de gestion de thème qui rend plus facile l'installation de ce dernier. À partir de ce système, on peut chercher un nouveau thème parmi plusieurs thèmes que WordPress met à disposition gratuitement, le prévisualiser, l'installer et le désinstaller au moyen de quelques simples clics.

Sachez tout de même que vous pouvez aussi installer un thème manuellement en plaçant le dossier contenant les fichiers du thème dans le dossier contenant les thèmes de WordPress (/wp-content/themes).

C'est le cas, par exemple, des thèmes que vous avez acquis en dehors de la base du programme WordPress.

Sans plus tarder, voyons tout cela dans la pratique.

Pour installer un nouveau thème pour votre site, rendez-vous sur la partie administration de WordPress. Sous la catégorie « apparence » (menu administration), cliquez sur « thème » (apparence→thèmes). La page qui s'ouvre vous donne un aperçu des thèmes déjà installés. Cliquez ensuite sur le lien « ajouter » pour vous rendre sur la page à partir de laquelle vous pouvez apercevoir les thèmes présents dans la base de données de WordPress et mis à disposition gratuitement.

Sont mis également à disposition des liens et un moteur de recherche rendant la recherche et le choix des thèmes plus faciles.

Ces liens sont :

- mise en avant : qui permet d'afficher les thèmes mis en avant par WordPress ;
- populaires : qui affiche les thèmes les plus populaires, c'est-à-dire les plus téléchargés ;
- derniers en date : qui listent les thèmes récemment ajoutés ;
- filtre de fonctionnalités : permet de chercher des thèmes spécifiques en appliquant les filtres parmi les fonctionnalités ainsi que les fonctions qui les caractérisent.

Une fois que vous avez trouvé le thème qui vous correspond le mieux, vous pouvez le parcourir, le tester afin de le découvrir avant de l'installer. Pour faire tout cela, placez la souris au-dessus du thème, vous apercevrez les boutons « installer » et « aperçu » apparaître. Il ne vous reste plus qu'à cliquer sur l'un des deux boutons afin de l'apercevoir ou de lancer son installation.

À partir de cette même page, vous pouvez mettre en ligne un thème à partir d'un fichier au format « zip » qui se trouve sur votre ordinateur et l'installer par la suite. Pour ce faire, il vous suffit de cliquer sur « mettre un thème en ligne », puis de parcourir l'emplacement où se trouve votre fichier zip, le sélectionner et l'installer.

Installer un thème manuellement

Comme nous l'avons évoqué précédemment, il est tout à fait possible d'installer un thème manuellement. C'est le cas par exemple des thèmes obtenus en dehors de la base de WordPress.

À cet effet, rendez-vous sur le logiciel (FTP) et envoyez le dossier de votre thème sur le site distant. Celui-ci doit être placé plus précisément dans le dossier contenant les thèmes WordPress, c'est-à-dire dans le répertoire « wp-content/thème ».

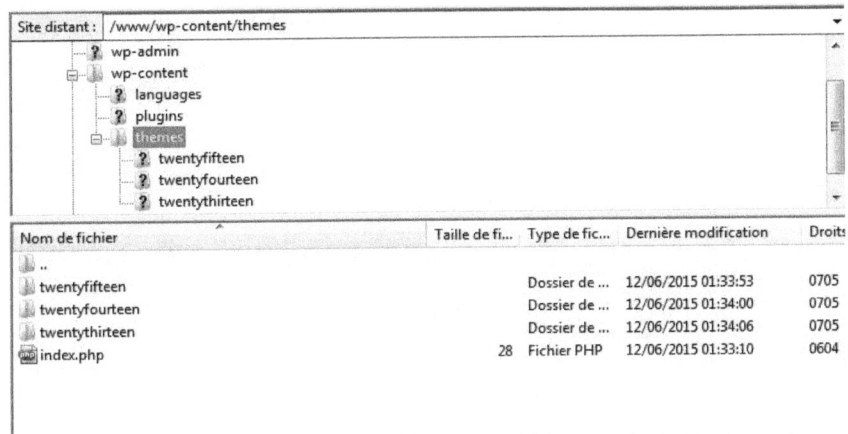

Dossier contenant les thèmes de votre site sur le serveur distant

Les différentes fonctionnalités d'un thème

La quasi-totalité des thèmes WordPress possèdent des fonctionnalités permettant à l'administrateur de bien soigner l'ergonomie du site. Il peut s'agir des fonctionnalités servant à insérer une image d'en-tête, gérer l'arrière-plan (background), paramétrer les couleurs du site, un diaporama, ou autres. Ceux-là varient d'un thème à l'autre. Chaque thème peut avoir ses propres fonctionnalités, surtout les thèmes à disposition payants. Ceux que l'on appelle communément « thème premium ».

Ces fonctionnalités, une fois le thème installé et activé, viennent s'ajouter sur la barre du menu du back-office (espace d'administration de WordPress). Souvent, elles sont ajoutées comme sous-menu du menu « apparence », ou bien elles sont ajoutées en tant que menu directement sur la barre de menu, comme c'est le cas du thème e-commerce que nous découvrirons ensemble dans la troisième partie de ce livre.

Personnaliser l'apparence du site

Quelle que soit la nature du thème installé (gratuit ou payant), vous aurez toujours, dans la plupart des cas, des options de réglage à effectuer concernant la personnalisation de l'ergonomie de votre site. Cela va du réglage de la couleur du texte jusqu'à l'insertion d'une image d'en-tête, la création et l'insertion d'un diaporama. Mais cela dépend aussi de la conception paramétrique du thème. Cependant, pour effectuer toute personnalisation de votre site par rapport à l'ergonomie du thème de ceci, vous trouverez tous les paramètres en sous-menu de l'élément « apparence ». Il vous suffira juste de choisir les paramètres de réglage et d'effectuer la personnalisation en suivant la charte du thème. C'est-à-dire qu'après avoir choisi de personnaliser l'image d'en-tête par exemple, vous pourrez ajouter une nouvelle image qui correspondra à celle que le thème recommande. Souvent, ces recommandations sont transcrites comme suggestion, sur l'espace de réglage du paramètre en question.

Espace de personnalisation de l'ergonomie d'un thème

Nous venons de terminer l'installation, la configuration et la personnalisation du thème de notre site WordPress, place maintenant à la publication et à l'administration de notre site fraîchement créé. Dans le chapitre suivant, nous verrons comment ajouter du contenu à votre site (publier un article, créer une page, insérer un fichier média, etc.).

Création et publication de contenu

Comme vous pouvez le constater, le site que vous venez de créer est totalement vide, ou presque. Mais ne paniquez pas, ce chapitre est là pour vous montrer pas à pas comment l'animer en créant et en publiant du contenu.

Éditer le premier article

Pour publier un article, depuis votre ordinateur ou votre appareil mobile (smartphone ou tablette), connectez-vous sur l'espace d'administration. Sous la catégorie « articles », cliquez sur « ajouter » (articles→ajouter). Avant de saisir ou de publier quoi que ce soit, découvrons ensemble tout d'abord comment est constitué cet espace de publication d'article de WordPress.

Cet espace est constitué :

- D'un éditeur de texte WYSISYG (*what you see is what you get*, qui signifie en français : ce que tu vois, c'est ce que tu obtiens), qui ressemble beaucoup au logiciel d'éditeur de texte classique. Il faut également souligner qu'on peut basculer en mode HTML (pour les connaisseurs, déconseillé donc au novice), en cliquant sur l'onglet « texte », tout à gauche de l'éditeur, à côté de l'onglet visuel, puis en cliquant sur l'onglet visuel pour revenir en mode normal (éditeur de texte).
- D'une colonne latérale à sa droite, composée de quatre modules : **Le premier** est celui de la publication à partir de laquelle on peut lancer un aperçu de l'article, le publier immédiatement ou à une date ultérieure, l'enregistrer comme brouillon ou le déplacer dans la corbeille.
Le deuxième est celui des « catégories » à partir duquel on peut ou non classer les articles par différentes catégories.
Le troisième est celui des étiquettes qui permet de saisir les étiquettes qui vont être liés à l'article.
Le quatrième et dernier est celui de « l'image à la une », qui permet d'attacher une image à l'article.

Mais comme on dit souvent qu'une image vaut mille mots, pour cette occasion, je vous ai concocté un montage qui illustre ce que nous venons de découvrir ensemble.

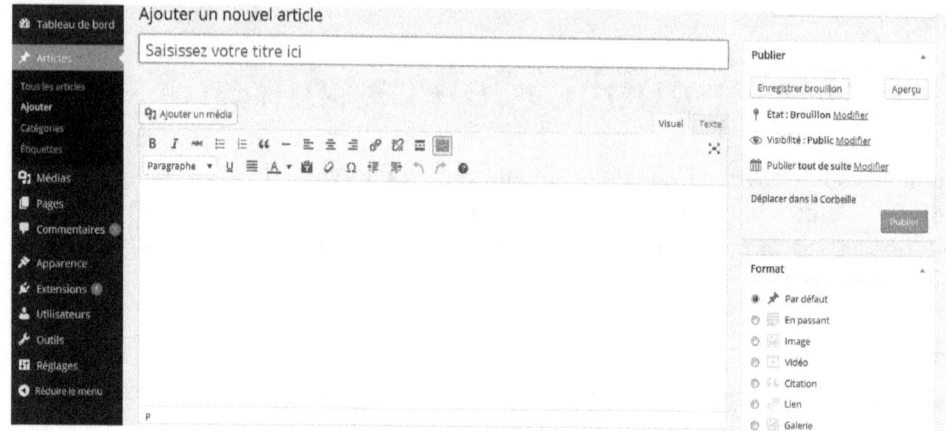

Espace d'édition d'article

Publier un article

La phase de la théorie étant terminée, passons maintenant à la pratique. Pour écrire et publier un article, rien de plus simple.

Depuis l'espace de publication d'article, cliquez sur le premier champ de texte d'en haut afin de saisir le titre de votre article, idem pour le contenu de l'article sur le champ de texte d'article afin de commencer la saisie de celui-ci. Une fois ceci terminé, vous pouvez prévisualiser le résultat du travail avant la publication. En cliquant sur « aperçu » en haut à droite, vous pouvez aussi l'enregistrer comme brouillon pour reprendre le travail plus tard, le déplacer dans la corbeille, le publier tout de suite ou ultérieurement. Tout ce travail s'effectue depuis le bloc « publier ».

Vous avez pu constater qu'au moment où vous avez saisi votre titre, WordPress génère automatiquement un « permalien » (en bas du titre). Ce « permalien » sert d'adresse pour l'article en question, mais il n'a pas que cette utilité. Il sert aussi à améliorer le référencement du site, une fois qu'il est paramétré selon les normes de ce dernier (voir le chapitre dédié au référencement).

Insérer un lien

Pour insérer un lien dans un article, il n'y a pas plus simple : sélectionnez l'élément de l'article que vous voulez transformer en un lien et cliquez sur le bouton « insérer/modifier un lien ».

Dans la boîte de dialogue qui s'ouvre, entrez l'adresse web que le navigateur atteindra lorsque l'internaute cliquera sur le lien.

Ensuite, saisissez le titre du lien juste en dessous du champ de texte de l'adresse web. Ce titre sert de description au lien, il s'affichera lorsque le pointeur de la souris survolera le lien.

Juste après, cochez ou non la case « ouvrir le lien dans une nouvelle fenêtre ou un nouvel onglet », si vous souhaitez que le lien s'ouvre dans une nouvelle fenêtre ou un nouvel onglet. Enfin, si votre lien pointe vers l'un des éléments que contient votre site, dans le champ en dessous, cliquez sur l'élément sur lequel vous voulez que votre lien pointe. Une fois tout cela terminé, cliquez sur « ajouter un lien » tout en bas de la boîte de dialogue, afin de valider la création du lien.

Insérer/modifier un lien ✕

Saisissez l'adresse de destination

Adresse web |

Texte du lien quantum

☐ Ouvrir le lien dans une nouvelle fenêtre/un nouvel onglet

Ou alors, faites un lien vers l'un des contenus de votre site ▾

Annuler   Ajouter un lien

boîte de dialogue servant à l'insertion de paramétrage de lien

Pour enlever ou annuler un lien, il suffit de le sélectionner et de cliquer sur le bouton « enlever le lien » qui se situe juste après celui qui sert d'insertion du lien, et le tour est joué.

Catégories

Les catégories sont des éléments qui servent à « rubriquer » les articles. Ce « rubriquage » sert à faciliter la navigation des visiteurs dans les différents articles de la même catégorie.

Pour ajouter une catégorie, à partir du bloc du même nom (catégorie), à droite de l'éditeur d'article ou sur le lien « catégorie » du sous-menu article, cliquez sur « ajouter une nouvelle catégorie ». Attribuez-lui ensuite un nom.

En bas, cliquez sur « ajouter une nouvelle catégorie » afin de valider la création de celle-ci.

Les étiquettes

Les étiquettes, quant à elles, anciennement connu sous le terme de « mot clé » avant la version 4.2 de WordPress, servent à mieux associer et à mieux référencer les articles. Cette association permet de regrouper les articles traitant le même sujet afin de faciliter la navigation de l'internaute.

Pour affecter des étiquettes à un article, depuis le module « Etiquettes », sur l'espace d'édition d'article, saisissez le mot sur le champ de texte et cliquez sur « ajouter ». Vous pouvez aussi les ajouter à partir du sous-menu « étiquettes », sous la rubrique « article ».

Pour la suppression d'une étiquette, au même titre qu'une catégorie, rendez-vous sur le menu « article », et cliquez sur « étiquettes ». La page (Etiquettes) qui s'ouvre affiche les étiquettes déjà créés, et il vous suffit de faire un survol sur une étiquette avec la souris afin que le lien permettant la suppression de celle-ci s'affiche. Il vous suffira donc de cliquer sur « supprimer » pour supprimer l'étiquette ou bien de cocher la case de l'étiquette en question et, sur le menu déroulant « action groupée », de sélectionner l'élément « supprimer », puis de cliquer sur « appliquer » afin de valider l'action.

Sachez tout de même que l'utilisation des étiquettes au même titre que les catégories est tout à fait optionnelle.

Les pages

Les pages, dans un site WordPress, sont comme les articles, hormis le fait qu'elles sont destinées aux contenus statiques. Comme c'est le cas des pages d'accueil personnalisées, des pages de contact, des pages d'information du site, etc.

Vous pouvez créer autant de pages que vous le souhaitez et y publier le contenu que vous voulez.

Pour créer une page, dirigez-vous vers le menu d'administration, sous la rubrique « pages », cliquez sur « ajouter ».

Comme vous pouvez le constater, la page ouverte est pratiquement identique à celle de la publication d'article, à l'exception près de l'apparition du module « attribut de page » et à l'absence des modules pour les étiquettes et catégories présentes sur la page d'édition d'article.

C'est à partir de ce module d'attribut de page que vous allez définir l'ordre d'apparition et de positionnement de votre page sur le menu et le module de la page.

Saisissez le contenu de la page et poursuivez les étapes comme nous l'avons fait en ce qui concerne la publication des articles.

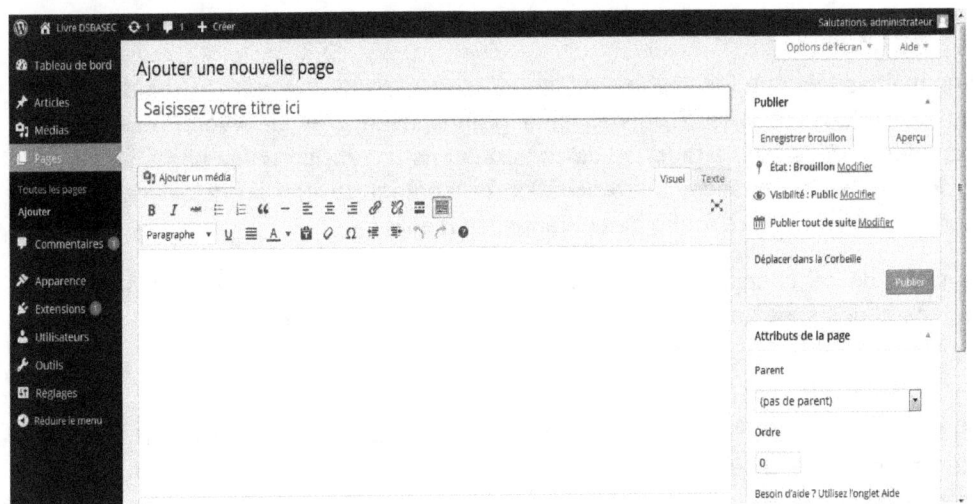

Espace de création et de publication d'une page d'un site WordPress

Les médias tels que les images, audio, vidéo, etc., sont une autre forme de contenu au sein d'un site web. L'un des plus grands avantages de WordPress, c'est la commodité d'insérer cette forme de contenu dans un article ou une page. Le chapitre précédent étant consacré à l'exploitation de contenu textuel en détail, celui-ci sera consacré à cette autre forme de contenu : les médias.

À la fin de ce chapitre, vous serez capable d'insérer des images, de publier des vidéos et des sons dans les articles et les pages de votre site web.

Les images

Si vous avez déjà été amené à insérer une image au moins une fois dans un logiciel de traitement de texte ou un éditeur de texte classique, ce qui va suivre vous paraîtra très facile à réaliser.

Si tel n'est pas le cas, prêtez-moi donc une toute petite attention et vous verrez au final que l'insertion d'une image dans un site WordPress n'est pas du tout une chose difficile.

Pour insérer une image dans un article ou une page, dans l'éditeur de WordPress, placez le curseur de la souris à l'endroit où vous souhaitez faire apparaître l'image et cliquez sur le bouton « insérer un média », en haut à droite de l'éditeur.

Une fois que vous avez fait cela, la fenêtre qui va permettre d'aller parcourir l'image sur votre ordinateur ou sur le web en saisissant son adresse, s'ouvre.

Dans cette fenêtre ouverte cliquez sur, « sélectionner des fichiers » afin d'aller chercher l'image sur votre ordinateur, puis cliquez sur le bouton « ouvrir » de la boîte de dialogue ouverte après que vous avez sélectionné l'image. Celle-ci se charge dans la « bibliothèque média » avec plusieurs paramètres.

Ces paramètres sont composés de :

- **le titre :** qui permet d'attribuer un nom à l'image. Si vous le laissez tel qu'il apparaît, l'image gardera son nom d'origine ;
- **la légende :** qui permet d'ajouter un petit texte descriptif à l'image ;
- **un texte alternatif :** qui s'affichera dans une infobulle une fois que l'on survolera l'image ;
- **la description :** quant à elle, sera affichée dans la galerie uniquement si vous en créez une ;
- **alignement :** ce paramètre propose quatre options : « aucun », si vous souhaitez que l'image prenne toute la place de la page. « centre », si vous souhaitez que l'image soit centrée, « gauche » ou « droite », si vous souhaitez que l'image soit positionnée à gauche ou à droite de la page ;

- **lier à :** comme le paramètre de l'alignement, celui-ci propose aussi quatre options :

  « fichier média », cette option permettra d'afficher l'image en grand, une fois que le visiteur aura cliqué dessus ;

  « page de fichier attaché », en sélectionnant celui-ci, WordPress générera automatiquement une page pour afficher l'image toute seule une fois que le visiteur aura cliqué dessus ;

  « lien personnalisé », celui-ci vous permettra d'entrer l'adresse du lien auquel vous voulez que l'image soit liée ;

  « aucun », choisissez cette option si vous ne voulez lier votre image à aucun lien ;

- **taille :** ce paramètre présente trois options :

  « miniature », si vous voulez que l'image s'affiche en petite taille, à savoir 150 × 150 pixels ;

  « moyenne », si vous voulez qu'elle s'affiche en taille moyenne ;

  « taille originale », si vous voulez que l'image garde sa taille originale.

Une fois que vous avez terminé les réglages de ces paramètres, cliquez sur le bouton « insérer dans la page » ou « insérer dans l'article » afin d'insérer l'image dans l'article ou dans la page. Cliquez ensuite sur « mettre à jour » afin d'enregistrer les modifications apportées.

Avec les versions récentes de WordPress apparaissent d'autres moyens d'insertion d'image. Ce sont celui qui consiste à faire un copier/coller de celle-ci à partir de son emplacement vers l'éditeur de WordPress et celui où il convient de faire un glisser/déposer de l'image depuis son emplacement vers l'éditeur de texte.

fenêtre d'insertion de média

Pour modifier la taille d'une image, vous avez deux solutions :

- soit vous passez par le sous-menu « média », du menu « réglage » et définissez vous-même les dimensions à utiliser. Ainsi, à partir de la boîte de dialogue, au moment de l'insertion de l'image, vous n'aurez qu'à choisir la taille de l'image telle que vous souhaiteriez qu'elle soit affichée (soit en taille miniature, taille moyenne, etc.) ;

-   soit vous la modifiez directement sur l'éditeur de texte en sélectionnant cette dernière et effectuez la modification manuellement en la tirant à l'aide du curseur de la souris à partir de ses angles.

Sachez qu'avec les versions récentes de WordPress, il est tout à fait possible de déplacer l'image avec la souris pour la faire changer de position.

Pour supprimer une image, il vous suffit de la sélectionner en cliquant dessus et, ensuite, cliquez sur la croix qui apparaît en haut à gauche de celle-ci. Ou bien avec la touche « supprimer » du clavier.

N'oubliez toujours pas de mettre à jour votre page ou article, après avoir terminé les modifications, pour que celles-ci soient prises en charge.

Image à la une

L'image à la une est une image associée à un article ou à une page, afin d'en illustrer le contenu. Cette image s'affiche sur la page, selon l'ergonomie du site. Par défaut, soit sur l'en-tête de la page, soit sur le côté gauche ou à droite, cela dépend, encore une fois, du thème. Pour insérer une image à la une, sur la page d'éditeur d'article, cliquez sur « mettre une image à la une », sur le module du même nom. Ou, à partir de l'éditeur de texte (page ou article), cliquez sur le bouton « ajouter un média ».

Sur la fenêtre ouverte, celle-là même qui était ouverte lors de l'insertion d'une image, sélectionnez le fichier et cliquez sur « mettre une image à la une ».

Ajoutez un média audio

Étant donné que le son est une autre forme de média, la procédure d'insertion de ce dernier sur un article ou une page WordPress est la même que celle de l'insertion d'une image.

Vous vous souvenez de ce cours ? Un petit rappel ne fait aucun mal à personne, bien au contraire. Placez le curseur à l'endroit où vous voulez positionner le « lecteur » de votre son et cliquez sur le bouton « ajouter un média ». Ensuite, sélectionnez et ouvrez votre fichier, puis passez aux réglages du fichier audio.

En ce qui concerne les options de réglage de l'affichage du fichier attaché, vous avez le choix entre trois possibilités :

-   choisir d'intégrer le lecteur de média : avec ce choix, le fichier audio sera intégré avec un lecteur qui permettra de lire le son sur la page ;
-   lien vers le fichier média : celui-ci va insérer un lien qui va lier vers le fichier audio ;

- lien vers la page du fichier attaché : avec ce choix, WordPress générera une page afin de joindre le fichier média.

Pour notre cas, nous optons pour le premier choix afin d'intégrer le lecteur de média sur la page. Pour ce faire, cliquez sur « insérer dans la page ». Mettez ensuite votre page à jour et prévisualisez les modifications apportées à votre page.

Parmi les nouveautés apportées sur les récentes versions de WordPress figure la création d'une liste de lecture audio.

Pour faire cela, sur la fenêtre d'insertion, sélectionnez les fichiers audio avec lesquels vous souhaitez créer votre liste de lecture et cliquez ensuite sur le lien « créer une liste de lecture audio », à gauche de la fenêtre. Ensuite, cliquez sur le bouton « créer une nouvelle liste de lecture » afin d'insérer votre liste de lecture sur la page. Mettez à jour et prévisualisez votre page afin de tester votre playlist.

Un autre moyen d'insérer un son dans WordPress, c'est de l'intégrer à partir d'une plate-forme d'hébergement audio en ligne, du genre Soundcloud, ou même YouTube. L'opération se fait par un copier/coller du code de celui-ci depuis le site d'hébergement vers la page de votre site WordPress.

À gauche, copie du code du fichier audio sur le site de plate-forme audio ; à droite, intégration du fichier audio en collant le script copié sur le site d'hébergement des fichiers audio

Ajouter une vidéo

En ce qui concerne les autres formats de médias (images, son) le procédé pour l'insertion d'une vidéo reste le même. Néanmoins, il est préférable de passer par les plates-formes d'hébergement et de publication de vidéos (du genre YouTube, Dailymotion, Vimeo, etc.), car la taille des fichiers à envoyer vers WordPress est assez limitée.

Pour ce faire, envoyez vos vidéos sur une plate-forme d'hébergement de vidéos et intégrez-les dans vos pages ou articles WordPress en faisant un copier/coller de l'adresse de la vidéo ou du code d'intégration sur votre site, comme nous l'avons déjà fait dans le cas du fichier audio.

Comment procéder ? Telle est la question qu'un grand nombre d'entre vous se posent. Rien de plus simple, je vous rassure.

Sur le site d'hébergement de vidéos, une fois que vous aurez créé votre compte et hébergé vos vidéos, cliquez sur une des vidéos afin de lancer sa lecture. Vous aurez le choix entre copier son adresse sur la barre d'adresse et la coller sur l'éditeur de texte de WordPress ou bien cliquer sur « partager et intégrer » (juste en dessous de la vidéo). Copiez ce bout de code et collez-le sur la partie éditeur de texte.

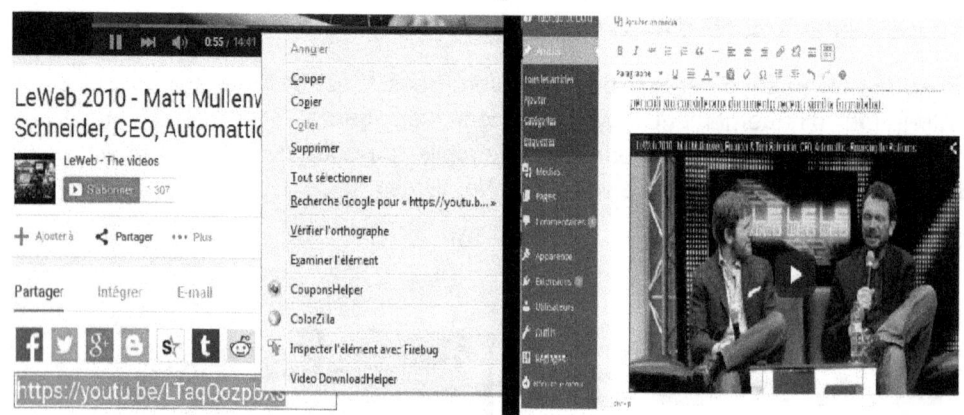

À gauche : copie de bout de code, à droite : le code collé sur l'éditeur de texte

Le deuxième choix est plus avantageux que le premier, car il offre la possibilité d'apporter des modifications sur la taille de la vidéo, d'activer ou de désactiver les suggestions, etc.

Une autre façon de procédé, envoyé le fichier sur le serveur dans le dossier « uploads (/www/wp-content/uploads) » via le logiciel FTP, et ajoutez la vidéo sur le site, en saisissant son adresse sur la fenêtre d'insertion des médias, sous la catégorie « insérer à partir d'une adresse web ».

Ce chapitre sur les médias, au même titre que la partie consacrée à l'installation et à la publication du contenu d'un blog ou des sites WordPress, prend fin ici. J'espère que vous n'avez pas rencontré de difficultés à suivre les différents chapitres de cette partie. Si tel est le cas, n'hésitez pas à relire la partie où vous rencontrez des difficultés. Et surtout, n'hésitez pas à faire un tour sur le web en exposant vos difficultés sur les moteurs de recherche, ou bien directement sur le site francophone de WordPress (www.wordpress-fr.org). En effet, un autre utilisateur a déjà certainement rencontré les difficultés que vous pouvez rencontrer et il pourra vous apporter des solutions.

PARTIE II

ADMINISTRATION ET RÉFÉRENCEMENT

Commentaires

Les commentaires font partie des plus grandes caractéristiques des blogs, ils permettent d'instaurer un échange entre les internautes eux-mêmes et entre l'internaute et l'administrateur du site. WordPress, tout comme les autres moteurs de blog et les systèmes de gestion de contenu, possède lui aussi un système de commentaires.

Les commentaires peuvent être une aubaine sur un site, s'ils sont bien administrés, et un cauchemar s'ils ne le sont pas.

Raison pour laquelle nous allons consacrer ce chapitre à la gestion et l'administration des « commentaires ».

Activer ou désactiver les commentaires

Par défaut, WordPress active les commentaires et laisse à l'administrateur le choix et la tâche de les modérer.

Mais cet acte n'est pas irréversible, car l'administrateur peut lui aussi activer ou non les commentaires.

Pour désactiver les commentaires, rendez-vous sur la page « réglages→discussion », une fois dessus, décochez la case « autoriser les visiteurs à publier des commentaires sur les derniers articles » sachez que cette désactivation du commentaire ne concerne que les articles des pages qui seront publiés prochainement, mais pas ceux qui ont déjà été publiés. Pour y remédier, désactiver les commentaires sur l'article déjà publié.

Pour y parvenir, rendez-vous sur la page des articles en cliquant sur le menu « articles ». Ensuite, placez la souris sur l'article que vous souhaitez modifier et cliquez sur « modification rapide », parmi les quatre liens qui vont apparaître. Puis, décochez la case « autoriser les commentaires » et cliquez sur « mettre à jour », juste en dessous, afin d'enregistrer les modifications.

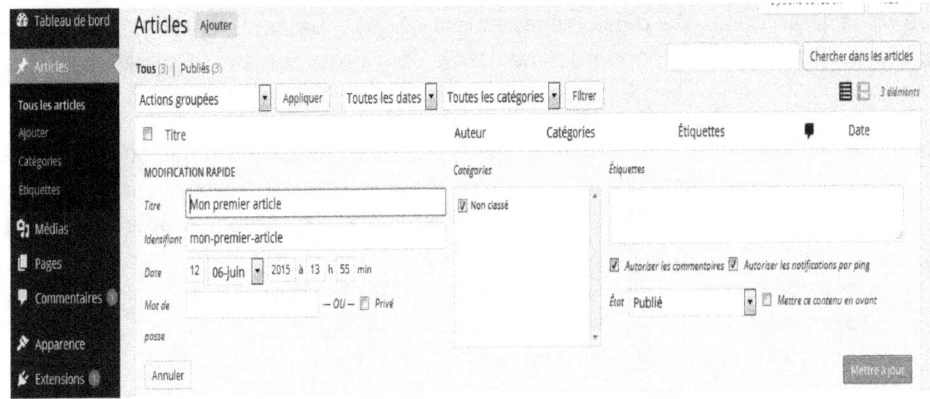

Désactivation des commentaires déjà activés

Pour activer les commentaires, il vous suffit de faire l'inverse de ce que nous venons de voir. C'est-à-dire : cochez la case « autoriser les visiteurs à publier des commentaires sur les derniers articles », ainsi que la case « autoriser les commentaires » sur les articles déjà publiés.

Si vous choisissez d'activer la publication des commentaires sur votre site, vous aurez le choix entre :

- Mettre en attente tous les commentaires qui seront postés et les modérer par la suite, en cochant l'option « le commentaire doit être approuvé manuellement » des catégories « avant la publication d'un commentaire », sur la page « réglages→discussion ».
- Ou bien de publier directement les commentaires qui seront postés sur le site, en décochant les deux options de la catégorie « avant la publication d'un commentaire ».
  Ces options sont : « le commentaire doit être approuvé manuellement » et « l'auteur d'un commentaire doit avoir déjà au moins un commentaire approuvé ».

Modération des commentaires

Autoriser les commentaires sur votre site, c'est bien. Mais les modérer est extrêmement important.

Car un commentaire peut être indésirable. C'est le cas des commentaires qui peuvent contenir des propos immoraux ou tout simplement de la pub.

La modération consiste donc à approuver, à désapprouver ou à éditer les commentaires qui seront postés sur votre site.

Que vous ayez choisi de publier directement ou non les commentaires postés sur votre site, WordPress propose trois méthodes pour procéder à la modération de ces derniers :

- La première consiste à les modérer à partir de l'espace d'administration, dans la rubrique « commentaire ». Ou bien sur le tableau de bord, dans l'onglet « activité », en survolant le commentaire avec le curseur, apparaissent les liens qui servent à la modération de celui-ci. Ces liens sont :
  Désapprouver : ce lien sert à interdire le commentaire.
  Approuver : celui-ci sert à valider le commentaire.
  Répondre : pour répondre directement aux commentaires.
  Modification rapide : celui-ci sert à effectuer une modification rapide du commentaire si vous voulez le corriger.
  Modifier : pour effectuer une modification à partir de la page où il a été posté.
  Corbeille : ce lien sert à placer le commentaire dans la corbeille.
- La deuxième méthode consiste à les modérer à partir de votre boîte email.
- Cette option n'est obtenue que si vous avez choisi d'être alerté par email une fois qu'un commentaire sera posté sur votre blog.
  Pour en être informé, cochez les deux options ; « un nouveau message est publié » et « un commentaire est en attente de modération » de la catégorie « m'envoyer un message » dans la rubrique « réglages→discussion ».
  Une fois cette sélection effectuée, l'administrateur sera alerté par un email dès qu'un commentaire sera posté sur le site.
  Dans cet email figureront le nom d'utilisateur ainsi que ses coordonnées (nom, adresse email, adresse IP) et son commentaire. Y figureront aussi les liens permettant sa modération et leurs descriptions. En cliquant sur un de ces liens, celui-ci vous redirigera vers l'espace d'administration, afin que vous validiez l'action que vous venez d'entamer.
- La troisième consiste à effectuer la modération des commentaires à partir de la page sur laquelle le commentaire a été posté. Cette opération n'est possible que lorsque vous êtes connecté sur le site en tant qu'administrateur.
  Sur le côté du commentaire, cliquez sur le lien modifié. Ce lien vous dirigera vers la page d'édition de celui-ci, afin de procéder à sa modération.

Un nouveau commentaire sur l'article « Mon premier article » attend votre approbation
http://dsbasec.com/?p=135

Auteur : Test (IP : 92.93.59.70, 70.59.93.92.rev.sfr.net)
E-mail : ittutoriel@gmail.com
Adresse web :
Whois : http://whois.arin.net/rest/ip/92.93.59.70
Commentaire :
Vide, quantum, inquam, fallare, Torquate. oratio me istius philosophi non offendit; nam et complectitur
verbis, quod vult, et dicit plane, quod intellegam; et tamen ego a philosopho, si afferat eloquentiam, non
asperner, si non habeat, non admodum

L'approuver : http://dsbasec.com/wp-admin/comment.php?action=approve&c=50
Le mettre dans la Corbeille : http://dsbasec.com/wp-admin/comment.php?action=trash&c=50
Le marquer comme indésirable : http://dsbasec.com/wp-admin/comment.php?action=spam&c=50
En ce moment, 2 commentaires attendent vos approbations. Veuillez vous rendre sur le panneau de
modération :
http://dsbasec.com/wp-admin/edit-comments.php?comment_status=moderated

Alerte d'un commentaire reçu dans la boîte de messagerie de l'administrateur

Espaces de paramétrage des commentaires

Sur cette page de paramétrage, nous ne nous sommes contentés que de quelques options, mais, comme vous pouvez le constater, il y en a d'autres auxquelles nous n'avons pas prêté attention. Et pourtant, elles le méritent bien.

Prenons l'exemple de l'option qui consiste à marquer un commentaire comme indésirable directement lorsqu'il contient tel ou tel mot ou a été posté par telle ou telle personne, en entrant sur un champ de texte les mots ou les coordonnés du visiteur indésirable (adresse email, adresse ip, nom, etc.). Et aussi celle qui permet d'afficher les   avatars, etc.
Les options de paramétrage sur cette page sont nombreuses, c'est pour cette raison que je vous invite à les regarder attentivement afin de découvrir d'autres fonctionnalités qui vous paraitront intéressantes. N'oubliez toujours pas d'enregistrer les modifications afin que celles-ci soient prises en charge.

Les Spams

Avant de clore, il serait irresponsable de ma part de terminer ce chapitre consacré aux commentaires sans vous parler des spams. Car la plupart des commentaires postés sur les sites web existant sur la toile sont des spams.

Mais qu'est-ce que le spam ? Le spam est un courrier indésirable (mail, email, commentaire, etc.) et exploité par des régies publicitaires (la plupart du temps), des gens mal intentionnés à des fins promotionnelles ou d'escroquerie. Donc, si vous choisissez d'autoriser la publication des commentaires sur votre site, vous êtes dans l'obligation de vous protéger de ces maudits « spams ». Sinon votre site risquera à court terme de devenir une poubelle de spams.

Pour vous sauver des spams, vous devez faire appel à une extension nommée « AKISMET », développée par « Auttomatic » (vous vous souvenez, il s'agit de la société qui se trouve derrière l'intitulé WordPress), pour la bonne cause. Dans le chapitre suivant, consacré aux « extensions » (*plug-in*, en anglais), nous allons nous servir de cette extension comme exemple sur la découverte en profondeur de l'utilité des extensions. Nous verrons en détail comment installer et se servir d' « AKISMET ».

Ajouter des fonctionnalités avec les widgets et les extensions (plug-ins)

Les widgets

Souvent, sur la plupart des sites, si vous regardez avec attention, vous remarquerez la présence d'une multitude de fonctionnalités dans les colonnes latérales et/ou les bas de pages.

Ces fonctionnalités peuvent être de type basique (texte, image, lien, etc.) ou de type avancé (formule de recherche, formule de contact, calendrier, comptes des sites sociaux, etc.).

L'un des plus grands avantages et des flexibilités de WordPress est de pouvoir ajouter et supprimer ces fonctionnalités sans avoir recours à un programmeur web ou sans apprendre à coder. Il suffit juste de faire appel aux widgets.

Qu'est-ce qu'un widget ?

Un widget est un ensemble de scripts formant un module complémentaire qui permet d'ajouter des fonctionnalités sur des emplacements précis des pages d'un site WordPress. Plus précisément dans les colonnes latérales ainsi que les bas de pages, si le thème de celui-ci permet d'accueillir les widgets. Car il existe des thèmes qui ne le permettent pas. Donc, veillez à bien vérifier cela au moment où vous vous procurerez le thème de votre site.

WordPress possède ses propres widgets standard. Ces widgets ont comme fonctionnalités d'afficher entre autres le calendrier, des articles un formulaire de recherche, les différentes catégories de votre blog, etc.

WordPress donne aussi la possibilité d'ajouter d'autres widgets par le biais d'un thème ou d'une extension (voir l'annexe A). En effet, il y a des thèmes et des extensions qui sont installés avec leurs propres widgets et qui viendront s'ajouter aux widgets déjà existants. Il existe aussi des extensions qui permettent d'effectuer cela.

Activer, désactiver un widget

Ici, nous partons du principe que votre thème est widget-Redy. C'est-à-dire qu'il a été conçu de manière à pouvoir accueillir les widgets. Si tel n'est pas le cas, je vous suggère de changer de thème rien que pour cet exercice. Pour activer un widget, rendez-vous sur « apparence→Widget » et procédez à un glisser-déplacer du widget que vous voulez activer, de l'espace des widgets vers la zone des widgets qui seront affichés sur le site. Ou bien faites un clic sur le widget et, sur le sous-menu qui apparaît, cliquez sur « ajouter le Widget ».

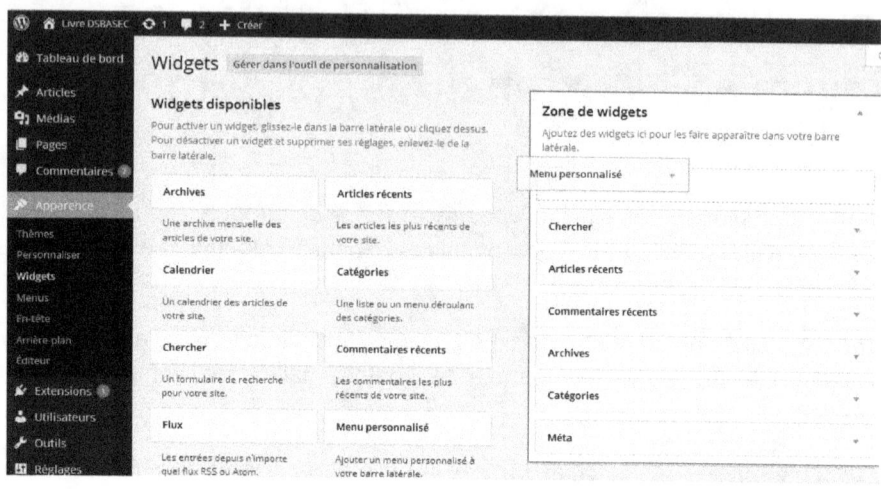

Activation d'un widget

Il est à noter que ces zones de widget peuvent varier en fonction du thème installé. Ici par exemple, nous avons trois zones de widget, mais vous pouvez trouver d'autres thèmes avec plus ou moins de zones de widget.

Une fois le widget placé sur sa zone, procédez à son paramétrage. Dans la plupart des cas, les widgets demandent à être configurés et validés avant de s'activer. Mais il y en a certains qui s'affichent directement une fois placés sur la zone.

Retournez ensuite sur le site, actualisez la page et vous remarquerez la présence du widget nouvellement activé.

Pour faire l'inverse de l'opération que nous venons de faire, c'est-à-dire désactiver un widget, il vous faudra juste cliquer sur le lien « supprimer » du widget en question. Ou bien faites un glisser-déplacer vers l'espace de widget disponible. Vous pouvez aussi désactiver un widget tout en conservant ses réglages ; en le glissant sur la zone de « widget désactivé » située au bas de la page. A noter également que la gestion des widgets peut se réaliser à partir de l'outil de personnalisation du site.

Les extensions (plug-ins)

Parmi les super-pouvoirs de WordPress, il en est un qui consiste à ajouter toutes les fonctionnalités qu'un site web peut avoir sur votre site (que ce soit un forum, un site de rencontre, un réseau social, une médiathèque, etc.), sans que vous soyez un développeur chevronné, ou bien un développeur tout court. Juste en installant l'extension (*plug-in*) de la fonctionnalité que vous aimeriez ajouter dans votre site.

Dans ce chapitre, nous allons découvrir ensemble en détail ce qu'est une extension, comment trouver celle qui pourra répondre à vos besoins, comment l'installer, la configurer puis la désinstaller.

Une extension, qu'est-ce que c'est ?

Une extension (ou *plug-in* en anglais) est un petit programme supplémentaire créé avec des scripts web et qui, une fois installé dans WordPress, ajoutera des fonctionnalités supplémentaires à votre site.

Il existe une multitude d'extensions dans WordPress. Presque toutes les fonctionnalités web existantes. La plupart sont gratuites, d'autres sont payantes.

Trouver, installer et activer une extension

Pour trouver et installer l'extension qui vous convient, le meilleur endroit reste la page d'ajout d'extensions de l'espace d'administration de WordPress, à partir de laquelle on peut apercevoir toutes les extensions présentes sur la base de données du site WordPress, rubrique extension (www.wordpress.org/extended/plugin). Par défaut, deux extensions sont installées en même temps que WordPress (extension→extension installée) :

- **Akismet :** plug-in développé par Auttomatic (l'entreprise qui est derrière WordPress), dont nous verrons plus loin l'utilité.
- Et **Hello Dolly :** une extension qui sert de vitrine de démonstration sur l'écosystème d'une extension (que vous pouvez la supprimer d'ailleurs).

Pour installer une extension, sur la page « extension→ajouter », plusieurs choix vous sont suggérés afin que vous puissiez trouver l'extension qui puisse répondre à vos attentes :

- En entrant son nom, celui de son auteur ou une partie de son nom sur le formulaire de recherche (un moyen très utilisé).
- En cliquant sur un nom qui peut correspondre à une extension que vous cherchez sur le nuage de mots. Par exemple, cliquez sur le terme « Google » parmi les mots présents sur le nuage de mots, si vous cherchez une extension ayant un lien en rapport avec le moteur de recherche.

admin AJAX buddypress comments content ecommerce email Facebook page pages photo photos plugin Post posts rss security seo woocommerce wordpress youtube

Nuage de mots des extensions

- En filtrant les extensions : soit par les plus « mis en avant » par WordPress, soit par les plus populaires, c'est-à-dire les plus téléchargées, donc les plus utilisées, soit par les favorites, si vous avez déjà des extensions favorites sur wordpress.org. Tout cela s'effectue par un simple clic sur les liens des filtres de ces derniers.

Liens des filtres des extensions

Une fois que vous avez trouvé l'extension qui vous convient, cliquez sur « installer maintenant » afin de procéder à son installation. Sachez aussi que vous pouvez la consulter bien en détail (sa description, sa version, sa date de mise à jour, les avis des gens qui l'ont utilisée) avant de l'installer, afin de mieux la découvrir.

L'opération de l'installation s'étant bien déroulée, cliquez sur « activer l'extension » afin de la rendre opérationnelle. Une fois l'extension activée, WordPress vous dirige vers la page qui liste les extensions déjà installées. Vous pouvez à cet instant commencer à vous servir de votre extension nouvellement installée. Si vous rencontrez des difficultés, n'hésitez pas à consulter le site officiel du plug-in ou bien la page des extensions de WordPress (https://wordpress.org/plugins/).

Une autre façon d'installer une extension consiste à la transférer vers le serveur depuis votre ordinateur. Pour ce faire, sur la page d'extension (extension→ajouter), cliquez sur « ajouter une extension ». Sur la page ouverte, cliquez sur le bouton « parcourir » afin d'aller sélectionner et ouvrir le fichier sur votre ordinateur. Une fois le fichier chargé, cliquez sur « installer » et l'installation de l'extension débute, puis suivez les instructions comme nous l'avons vu précédemment.

Installer une extension manuellement

Au même titre qu'un thème, une extension peut aussi s'installer manuellement. Ce mode opératoire consiste à transformer le dossier contenant les extensions vers le serveur, dans le dossier « wp-content→plug-ins ». Une fois l'opération effectuée, l'extension apparaît sur la liste des extensions installées. Il vous suffira donc de cliquer sur le bouton « activer » afin de la rendre active.

Dossier des extensions sur le serveur (wpcontent→plugins)

Vous avez remarqué l'existence des liens en dessous des noms de chaque extension. Ces liens servent :

- à « activer/désactiver » l'extension ;
- à effectuer un réglage chez certaines ;
- à paramétrer certaines extensions paramétrables ;
- à modifier l'extension si vous avez des connaissances en programmation web.

Cas pratique : le cas d'Akismet

Souvenez-vous, dans le chapitre consacré aux commentaires, nous avons évoqué l'outil indispensable pour protéger un site WordPress contre les spams. Nous allons voir à présent ensemble comment s'en servir.

Akismet est l'une des extensions installées par défaut en même temps que WordPress. Il ne reste plus qu'à l'activer. Une fois l'extension activée, cliquez sur le lien « activer votre compte Akismet » qui apparaît en haut de la page. Sur la page ouverte, cliquez sur « obtenir votre clé API » afin d'aller obtenir la clé API sur le site officiel d'Akismet. C'est cette clé qui va permettre à l'extension de fonctionner.

Une fois sur le site officiel d'Akismet (pour l'instant en anglais seulement), cliquez sur « get an akismet api key », qui signifie en gros : obtenir une clé api d'Akismet. Si vous possédez déjà un compte wordpress.com, connectez-vous sur votre compte et choisissez « option blog personnel » afin d'obtenir la clé API gratuitement. Si tel n'est pas le cas, créez-en un en suivant les instructions et choisissez par la suite l'option blog personnel, car, vous l'aurez bien compris, c'est cette option qui permet d'obtenir la clé gratuitement. Les autres sont payantes. Après l'avoir obtenue, retournez sur l'espace d'administration de WordPress. Sur la page « reglage→akismet », entrez la clé que vous venez d'obtenir, ensuite, enregistrez les modifications.

À partir de maintenant, votre site est protégé contre les SPAMS.

Les utilisateurs

WordPress étant un CMS collaboratif, vous pouvez profiter de cette option si vous souhaitez faire de votre site ou de votre blog un espace de collaboration.

Cependant, prenez bien soin de bien étudier les vocations des différentes permissions des rôles présentes dans WordPress, avant de faire de votre site un espace collaboratif.

Rôles et permissions

Les différents rôles ainsi que leurs permissions, présents dans WordPress sont :

- **Administrateur :** ce rôle possède toutes les permissions d'effectuer toutes les tâches présentes dans WordPress. D'ailleurs, vous en êtes déjà un.
- **Auteur :** celui-ci possède la permission de publier seulement des articles.
- **Abonné :** ce rôle n'a presque aucune permission, si ce n'est la publication de commentaire, si cette dernière est autorisée aux utilisateurs enregistrés.
- **Contributeur :** ce rôle possède la permission à la contribution, seulement d'article. La publication de ce dernier dépendra de l'administrateur.
- **Éditeur :** quant à celui-ci, sa permission se limite à la publication d'articles et de pages, ainsi qu'à leurs modérations et à celles des commentaires.

Ajout d'utilisateurs

Maintenant que vous avez découvert les différents rôles des différents comptes que peut avoir un site WordPress avec précision, vous pouvez transformer votre site en un espace collaboratif. Pour ce faire, deux options se présentent à vous :

- Activer l'inscription de nouveaux utilisateurs sur la page des configurations générales (réglage→générales), en cochant la case « tout le monde peut s'enregistrer » de l'option inscription. Dans ce cas, une fois que l'utilisateur créera son compte, un nouveau mot de passe lui sera affecté et envoyé à son adresse email, afin qu'il puisse se connecter sur l'espace d'administration. Cependant, n'oubliez pas de sélectionner le rôle par défaut qu'aura tout nouvel utilisateur, sur la liste déroulante de l'option, « rôle par défaut de tout nouvel utilisateur », sur cette même page de configuration. Et surtout, veillez à ne pas oublier d'activer le widget « meta » à partir duquel les utilisateurs trouveront les liens qui leur permettront de se connecter et de se déconnecter de leurs comptes.
- Ou bien de créer vous-même les comptes utilisateurs sur la page d'ajout d'utilisateurs (utilisateurs→ajouter).

Une fois cela fait, les utilisateurs pourront se connecter sur l'espace d'administration en cliquant sur le lien connexion présent sur le widget « meta » ou bien en tapant www.nom-du-site.org/wp-login.php, sur la barre d'adresse du navigateur.

Page d'ajout d'utilisateurs

Gestion des menus

Le menu consiste à améliorer la navigation au sein de votre site web et l'ergonomie de celui-ci. Pour cela, WordPress met à disposition tout un système permettant de faciliter la création, l'intégration et la gestion des menus sur votre site. Néanmoins, il faut d'abord que le thème WordPress possède initialement, au minimum, un menu de navigation. Cependant, l'administrateur a la possibilité d'en ajouter d'autres, afin de pouvoir les gérer lui-même avec facilité, mais pour cela, il faut avoir une bonne notion sur la création d'un thème WordPress (voir dernière partie, dernier chapitre).

Création de menu

Pour créer un menu, sur la barre du menu de l'espace d'administration, cliquez sur « apparence→menu », afin de vous rendre sur la page de création et de gestion de celui-ci et de procéder à sa création.

Page de création du menu

À gauche, sur le champ de texte de l'élément au nom de « nom du menu », du module du même nom, saisissez le nom du nouveau menu et cliquez sur le bouton « créer le menu ». Sélectionnez ensuite l'emplacement où votre menu figurera sur votre thème, en cochant la case de celui-ci, et enregistrez les modifications.

Ajout d'éléments au menu

Vous avez remarquez la présence de la nouvelle barre de menu sur votre site, mais qui est vide pour l'instant. Cela est normal étant donné qu'aucun lien ou élément n'a été ajouté.

Pour y remédier, il y a une colonne latérale dans laquelle figurent les éléments que vous allez ajouter au menu manuellement créé. Ces éléments sont :

- les « pages » présentes sur votre site ;

- les « liens » que vous avez créés ;
- les « catégories » d'articles existants.

Pour ajouter des liens, des pages ou des catégories sur le menu, cochez les cases des noms des pages et des catégories présents sur les différents modules du même nom (pages et catégories) et cliquez sur le bouton « ajouter au menu ». Ensuite, sur le module du menu (où figurent les éléments qui viennent d'être ajoutés), cliquez sur le bouton « enregistrer le menu » afin que les opérations qui viennent d'être réalisées soient prises en charge.

En ce qui concerne l'ajout des liens, déroulez le module du même nom, en cliquant sur l'icône présente sur sa droite, saisissez l'adresse vers lequel le lien pointera, ensuite le nom du lien, puis cliquez sur le bouton « ajouter au menu ».

Modification et suppression d'éléments du menu

Après avoir ajouté et enregistré les éléments du menu, vous pouvez par la suite gérer leur positionnement, modifier leurs noms, leurs titres de catégories ainsi que l'attribut ou bien les supprimer du menu. Pour placer un élément du menu par rapport à un autre, il vous suffit de faire un simple glisser-déplacer avec le curseur de la souris vers son nouvel emplacement (déplacez-le vers le dessus ou le dessous pour le mettre devant ou derrière tel ou tel élément ; décalez en dessous à droite d'un élément si vous souhaitez créer un sous-menu). Vous pouvez aussi cliquer sur les liens « déplacer un cran vers le haut » pour monter d'un cran, et le lien « descendre d'un cran », qui sont présents à l'intérieur du module de l'élément du menu. Cliquez ensuite sur « enregistrer le menu ».

Quant à la modification du titre d'un élément du menu et de son attribut, il vous suffit d'afficher ces options de configuration, en cliquant sur la flèche à la droite de l'élément, d'effacer ce qui figure déjà et de le remplacer par un autre titre ou un autre attribut.

Pour supprimer un élément du menu, parmi les options de configurations présentes à l'intérieur du module de celui-ci, cliquez sur le lien « supprimer », puis enregistrez les modifications et le tour est joué. A noter également que la gestion du menu au même titre que les widgets, peut se réaliser aussi à partir de l'espace de personnalisation du site.

Ajouter un menu de navigation à l'aide d'un Widget

Un autre procédé d'insertion d'un menu de navigation sur le site, est d'activer le Widget « menu personnalisé ». Ce Widget, une fois activer, va permettre d'afficher le menu de navigation déjà créer sur l'emplacement des Widgets.

Pour ce faire, sur l'espace d'administration des Widgets, activez le Widget « menu personnalisé », en le plaçant sur la zone de ceux-ci (barre latérale). Ensuite, saisissez le titre qu'aura ce Widget (menu, par exemple), sélectionnez le menu auquel vous souhaitez afficher, qui a été déjà créer sur l'espace d'administration des menus, puis enregistrez.

Référencement

Créer un site et le placer sur la toile est une chose. Le faire connaître au plus grand nombre en est une autre. C'est pour cette raison que je saisis cette occasion de vous parler du référencement dans WordPress.

Qu'est-ce que le référencement ?

Le référencement (ou SEO : pour *search engine optimisation* en anglais ; optimisation pour les moteurs de recherche), est un ensemble de concepts servant à faire connaître un site web auprès des moteurs de recherche (Google, Bing, Yahoo, etc.), afin que ces derniers améliorent sa visibilité sur la toile, ce qui entraînera donc un accroissement du trafic des visiteurs de votre site. Autant le savoir avant d'entamer les démarches, le domaine du référencement est un domaine assez vaste. Il nous faudrait des heures, voire des jours pour en parler de manière exhaustive. Donc, pour faire court, nous allons ici nous consacrer seulement au référencement naturel pour un site WordPress. J'ai bien dit « référencement naturel ». Car il existe aussi un autre référencement, dit « référencement sponsorisé ». Celui qui consiste à payer pour faire apparaître votre site sur les moteurs de recherche.

Améliorer le contenu

On ne le dira jamais assez, les moteurs de recherche travaillent avec un algorithme qui consiste à analyser le contenu de votre site web. Dès qu'un internaute effectue une recherche sur un sujet correspondant à celui du contenu de votre site, le moteur de recherche lui signale les sites qu'il a pu parcourir et analyser correspondant au sujet recherché, y compris le vôtre. Le contenu d'un site web n'est autre que les pages, les articles, les liens, le contenu audiovisuel, etc.

Donc, plus le contenu de votre site, sera soigneusement présenté, mieux celui-ci sera référencé.

Modifier les permaliens (URL)

Parmi les aspects indispensables au référencement figurent les « permaliens ou URL » (plus précisément les adresses internet des pages, articles et rubriques du site). Ces derniers, une fois bien structurés, simplifient l'analyse de votre site auprès des moteurs de recherche.

Dans WordPress, vous avez remarqué qu'une fois qu'un article vient d'être créé, il lui est attribué automatiquement un permalien qui ressemble à ceci : « http://www.nom-du-site.com/?p=71 ».

Nous allons modifier l'affichage de ce dernier et faire en sorte que cette adresse comporte le nom de l'article au lieu de cette adresse bizarre, qui se génère automatiquement, afin d'obtenir une bonne structuration pour le bon référencement du site.

Pour ce faire, sous le menu réglage, cliquez sur « permalien » (réglage→permalien). Sur la page ouverte, plusieurs options sont disponibles. Pour ma part, je vous conseille de choisir l'option « nom d'article » afin que le titre de l'article apparaisse automatiquement sur l'URL, à la place du permalien original. Une fois que cela est fait, cliquez sur « enregistrer les modifications ».

Permalien : http://dsbasec.com/?p=135

Permalien par défaut de WordPress

À partir de maintenant, dès que vous créerez un article ou une page, le titre apparaîtra sur l'adresse internet, à la place de la valeur numérique qui apparaissait avant.

Une chose importante : il est fortement conseillé de procéder à cette modification dès le lancement du site avant de publier quoi que ce soit, au risque, d'avoir des pages d'erreurs à la place des articles ou des pages de votre site.

Sinon, vous pouvez installer le plug-in « Auto redirect 404 in 301 » pour remédier à cela.

Le titre et la description

Le titre et la description de votre site web en disent long sur le contenu de celui-ci. D'ailleurs, le référencement d'un site commence par là. Cela étant dit, le fait de structurer soigneusement ces deux éléments permettra le bon référencement du site. Cette opération se déroule (au moment de l'installation ou après), sur la page « réglage→général ».

Les étiquettes

Ajouter des étiquettes permet aussi le bon référencement de votre site. D'ailleurs, les spécialistes du référencement web disent que les étiquettes (anciennement connu sous le terme de mot clé) sont les clés du référencement. Car, si les étiquettes présentes dans votre site sont pertinemment choisies, il est fort probable que l'internaute saisisse dans le moteur de recherche un terme correspondant à une de celles-ci.

Dans un site WordPress, ces étiquettes peuvent s'ajouter un peu partout : dans le contenu de l'article, les tags, la description du fichier, media, etc. (rapportez-vous aux chapitres traitant du sujet : 4 et 5).

Faire appel aux extensions

Comme nous l'avons vu un peu plus haut, les extensions permettent d'ajouter des fonctionnalités dans un site web WordPress. Ici j'en ajoute un peu plus, en disant que les extensions permettent d'ajouter toutes les fonctionnalités que peut contenir un site web, y compris, donc, le référencement. Certains sont gratuits, d'autres sont payants. Certains sont plus pertinents, d'autres un peu moins. Pour plus ample information, reportez-vous à « l'annexe A, catégorie référencement ».

Exploiter les réseaux sociaux

Un autre aspect qui permet de faire connaître son site sur la toile, afin d'augmenter le trafic d'un site web, et qui n'est pas des moindres d'ailleurs, est « les réseaux sociaux ». Contrairement au référencement (seo) qui consiste à optimiser la présence de votre site web auprès des moteurs de recherche, ici nous parlons de SMO (optimisation auprès des réseaux sociaux ; en anglais : *Social Media Optimisation*). Mais le résultat est pratiquement le même : celui de faire connaître votre site sur la toile afin de générer du trafic.

Il n'y a pas mille chemins pour faire connaître un site web sur les réseaux sociaux (Google+, Facebook, Twitter, etc.), si ce n'est de créer un compte sur ceux-ci, de le faire connaître à votre réseau, de l'animer en partageant les différents articles de votre site, les pages, les liens. Et surtout, surtout, insérer les boutons qui servent de partage (bouton « J'AIME » et « PARTAGE ») sur votre site, pour que les visiteurs puissent partager vos articles et pages, voire le site en entier, sur leurs propres comptes sociaux.

Aussi, plusieurs extensions dédiées à ce sujet existent, bien évidemment, reportez-vous donc à « l'annexe A » pour les découvrir.

Créer un réseau de sites avec WordPress

Introduite dans la version 3.0 de WordPress en 2010, l'option multisites était, avant cela, un projet à part de WordPress, appelé WordPress MU (*WordPress multi user* ; comprenez, WordPress multi-utilisateur).

Il y avait jusque-là deux versions de WordPress. L'une qui était réservée à la création des blogs et des sites standards, et l'autre qui était réservée à la création d'un réseau de sites.

Mais, à partir de la version 3.0 de WordPress, les programmes WordPress et WordPress MU ne font qu'un. C'est-à-dire qu'il n'est plus besoin d'installer WordPress MU pour créer un réseau de sites. Il suffit juste de l'activer à partir de la même installation du programme WordPress.

Qu'est-ce qu'un multisite

Le mode multisite est une option qui permet de créer un réseau de plusieurs sites sur une seule et même installation WordPress. Une fois l'option activée, cela va permettre à l'administrateur ou bien aux utilisateurs de créer ou d'avoir et de gérer chacun son site ou son blog. En l'obtenant au format d'un sous-domaine du genre « site1.nom-du-site.com », ou bien en un sous-dossier du genre « nom-du-site.com/site1 ». Tout cela s'effectue à partir du site domaine déjà existant.

Activer le mode multisite

L'activation du mode multisite s'effectue en premier lieu par la copie d'un bout de code (en PHP) dans le fichier « wp-config.php », qui se localise à la racine de votre serveur web. A l'intérieur de ce fichier wp-config.php, juste en dessous de la ligne commentaire « /* c'est tout, ne touchez pas à ce qui suit ! Bon blogging ! */ », collez ceci : define('WP_ALLOW_MULTISITE', true) ; et enregistrez le fichier.

```
66   define('SECURE_AUTH_SALT', 'EJB4*YxClk0[q5@Wn-Lr86}[<2eu]2QY^9p[M[.ug4@[(0.dC0T]GRcqX$9&?6~@');
67
68   define('LOGGED_IN_SALT',    'z`}2?_[p,%7ti~}ltwx_GzmNcC#~!F|lLu_+9;82+Bm)+|X3;^+5,=r(5KLzqK&&');
69
70   define('NONCE_SALT',        'BWK7jdG)Vbb0]A`3d%luvs(O1[j%LaU],-Xdl6mw{@sCD7 ik8i !&_{`5{ xf?L');
71
72   /**#@-*/
73
74 ▤ /**
75    * Préfixe de base de données pour les tables de WordPress.
76    *
77    * Vous pouvez installer plusieurs WordPress sur une seule base de données
78    * si vous leur donnez chacune un préfixe unique.
79    * N'utilisez que des chiffres, des lettres non-accentuées, et des caractères soulignés!
80    */
81   $table_prefix = 'wp_';
82
83
84 ▤ /**
85    * Pour les développeurs : le mode deboguage de WordPress.
86    *
87    * En passant la valeur suivante à "true", vous activez l'affichage des
88    * notifications d'erreurs pendant votre essais.
89    * Il est fortemment recommandé que les développeurs d'extensions et
90    * de thèmes se servent de WP_DEBUG dans leur environnement de
91    * développement.
92    */
93   define('WP_DEBUG', false);
94
95   /* C'est tout, ne touchez pas à ce qui suit ! Bon blogging ! */
96   define( 'WP_ALLOW_MULTISITE', true ) ;
97   /** Chemin absolu vers le dossier de WordPress. */
98   if ( !defined('ABSPATH') )
99       define('ABSPATH', dirname(__FILE__) . '/');
100
101  /** Réglage des variables de WordPress et de ses fichiers inclus. */
102  require_once(ABSPATH . 'wp-settings.php');
```

Capture d'écran, intérieur du fichier wp-config.php

Ensuite, connectez-vous sur l'espace d'administration de votre site WordPress, vous verrez la présence du lien « création du réseau » sous le menu outils (outils→création du réseau). Cliquez sur ce lien afin d'entamer l'installation du réseau.

Sur la page ouverte, sélectionnez l'option avec laquelle les sites seront installés, soit en sous-domaines, soit en sous-dossiers. Notez que si vous travaillez en local, seule l'option « sous-dossiers » sera possible à obtenir, étant donné que le site est déjà installé sur un dossier.

Saisissez le nom du réseau ainsi que l'adresse email de l'administrateur, cliquez ensuite sur « installer ».

Sur la page suivante, celle ouverte après que vous avez sélectionné le bouton « installer », veillez à recopier les lignes de code sur la première case et collez-les sur le fichier « wp-config.php », juste en dessous de la ligne de code, celle servant à activer l'option multisite que nous venons de voir ci-avant (define('WP_ALLOW_MULTISITE', true) ;).Ouvrez ensuite le fichier « .htaccess » présent à la racine du site et ajoutez les lignes de code présentes sur la seconde case, en remplacement de celles déjà existantes. Juste en dessous, cliquez sur le lien « se connecter », afin de vous reconnecter à l'espace d'administration de WordPress et, ainsi, de constater les nouveaux changements. Une fois sur l'espace d'administration, sur l'en-tête au côté du titre du site, vous remarquerez la présence du menu « Mes sites », ainsi que de ses sous-menus qui permettent de se rendre sur l'espace d'administration du site principal et celui du réseau. L'apparition de ces éléments justifie donc le bon déroulement de l'installation de l'option multisites.

Une fois encore, si vous travaillez en local, veillez à ne pas toucher le fichier « htaccess ».

Si vous travaillez sur un site déjà hébergé sur un serveur distant, téléchargez les fichiers à configurer d'abord, ensuite procédé à la configuration, puis enregistrez-les et renvoyez-les vers le serveur.

1. Ajoutez les lignes suivantes à votre fichier wp-config.php , dans /home/dsbasecczk/www/ , au-dessus de la ligne /* C'est tout, ne touchez pas à ce qui suit ! Bon blogging ! */ :

```
define('MULTISITE', true);
define('SUBDOMAIN_INSTALL', true);
define('DOMAIN_CURRENT_SITE', 'dsbasec.com');
define('PATH_CURRENT_SITE', '/');
define('SITE_ID_CURRENT_SITE', 1);
define('BLOG_ID_CURRENT_SITE', 1);
```

2. Ajoutez ce qui suit à votre fichier .htaccess dans le dossier /home/dsbasecczk/www/ , en remplacement des règles WordPress déjà en place :

```
RewriteEngine On
RewriteBase /
RewriteRule ^index\.php$ - [L]

# add a trailing slash to /wp-admin
RewriteRule ^wp-admin$ wp-admin/ [R=301,L]

RewriteCond %{REQUEST_FILENAME} -f [OR]
RewriteCond %{REQUEST_FILENAME} -d
RewriteRule ^ - [L]
RewriteRule ^(wp-(content|admin|includes).*) $1 [L]
RewriteRule ^(.*\.php)$ $1 [L]
RewriteRule . index.php [L]
```

Page contenant les lignes de codes devant être copiées sur les fichiers wp-config.php et .htaccess

Configuration d'un réseau multisites

Avant d'entamer l'ajout d'un nouveau site, découvrons d'abord ensemble de l'espace d'administration ainsi que la configuration d'un réseau multisites.

À partir de maintenant, puisque nous avons activé l'option multisites, une fois que nous nous connecterons sur notre espace d'administration, nous aurons deux différents espaces d'administration. Celui du site principal (nom-du-site.com/wp-admin/) et celui du réseau (nom-du-site.com/wp-admin/network/). Ici, vous l'aurez bien compris, nous nous intéressons à celui du multisite. L'espace d'administration d'un réseau multisites (Mes sites→admin. du réseau→tableau de bord, ou bien nom-du site.com/wp-admin/network/), ressemble beaucoup à celui du mode normal, à l'exception de quelques nouvelles fonctionnalités.

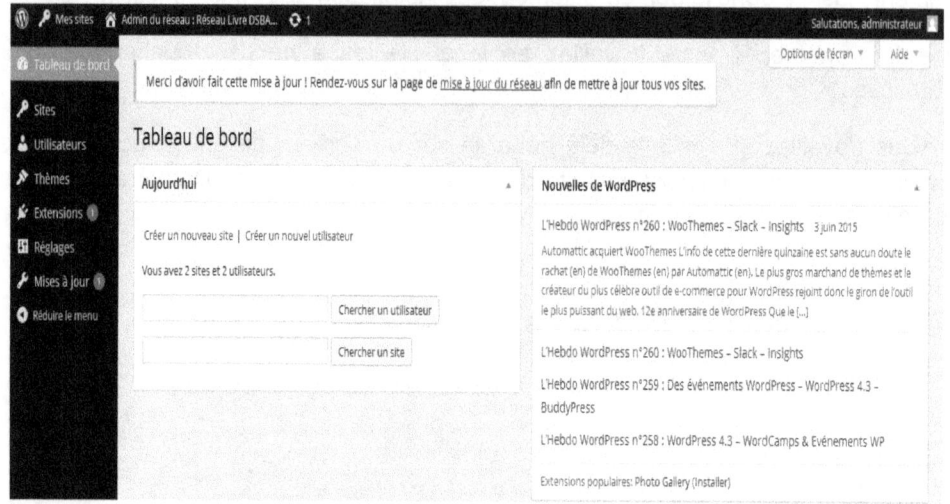

Espace d'administration d'un réseau multisites

Néanmoins, la plupart des options, pour ne pas dire la quasi-totalité, ne sont pas les mêmes.

À commencer par le tableau de bord de celui-ci, qui ne possède pas le même organigramme d'un tableau de bord d'un site WordPress standard.

Mais avant de procéder à la découverte de chacune des différentes options qui caractérisent cet espace d'administration, passons d'abord aux réglages généraux de votre réseau multisites. Pour cela, dirigez-vous vers la page de réglage de votre réseau multisites, « Réglages→Réglages du réseau ».

À partir de cette page, vous allez pouvoir paramétrer les différents réglages de votre réseau.

Commencez par lui attribuer un nom ainsi que l'adresse de contact de son administrateur.

Ensuite, il va falloir procéder aux réglages d'inscription à partir desquels vous allez pouvoir autoriser ou non les inscriptions, accepter ou non la réception d'un message de notification en tant qu'administrateur, à chaque inscription d'un nouveau site ou d'un nouvel utilisateur, autoriser ou non les administrateurs des sites à ajouter de nouveaux utilisateurs à leurs sites, via la page « utilisateur →ajouter ».

Dans cette même catégorie de « réglages d'inscription », vous avez aussi la possibilité d'autoriser ou de bannir des utilisateurs et des noms de domaines. Après la catégorie de « réglages d'inscription », vous trouvez celle des « réglages des nouveaux sites ». À partir de celle-ci, vous allez pouvoir paramétrer le contenu des différents messages de bienvenue aux nouveaux inscrits, ainsi que le premier article que va contenir le site nouvellement créé.

Veillez à bien faire attention, si vous décidez de modifier quoi que ce soit. Pour ma part, je vous conseille de laisser tel quel. À moins que vous soyez un utilisateur averti.

En dernier lieu, vous procéderez aux réglages d'envoi des fichiers à partir desquels vous allez définir la capacité de stockage que possédera chaque site du réseau, les types de fichiers pouvant être envoyés sur les sites ainsi que la taille maximale que devra avoir chaque fichier qui sera envoyé sur les sites du réseau.

La barre de menu d'un réseau multisites

En plus des réglages du réseau que nous venons de découvrir ci-avant, nous découvrons ici le tableau qui possède un module dans lequel on trouve des liens qui servent à la création rapide d'un nouveau site et d'un nouvel utilisateur. Y sont présents aussi des formulaires de recherche qui servent à la recherche rapide pour un site, et aussi pour un utilisateur.

Juste en dessous, nous avons le menu « sites », qui sert à ajouter un nouveau site, et aussi à lister les sites déjà créés ainsi que leurs détails. Il en est de même pour le menu « utilisateurs » qui suit celui des sites, qui sert quant à lui à ajouter de nouveaux utilisateurs sur le réseau, ainsi qu'à lister ceux déjà existants.

On trouve ensuite les menus « thèmes » et « extensions », qui servent à afficher, à ajouter et à éditer les thèmes et les extensions du réseau.

Ajouter un nouveau site au sein du réseau

L'ajout d'un nouveau site au sein du réseau s'effectue à partir du tableau de bord de ce dernier, en cliquant sur le lien « créer un nouveau site ». Ou bien à partir du menu « sites→ajouter ». Mais avant d'entamer cette opération, il est obligatoire d'effectuer d'abord le paramétrage de notre serveur web, afin de faire en sorte qu'il puisse faire fonctionner notre réseau multisites, c'est-à-dire qu'il soit en mesure d'accueillir les sites de notre réseau et les faire fonctionner automatiquement. Dans le cas contraire, les sites du réseau ne seront pas reconnus par le serveur et ne pourront donc pas fonctionner.

Pour ce faire, connectez-vous sur l'espace d'administration du serveur hébergeant le site et dirigez-vous vers la page de l'option « sous-domaines », afin d'en effectuer les paramétrages.

Une fois sur la page de création des sous-domaines, saisissez le symbole typographique astérisque (*) en tant que nom de sous-domaines. En entrant ce symbole, vous faites comprendre au serveur qu'il doit valider automatiquement les sous-domaines qui seront créés à partir du domaine principal, sans que l'on soit dans l'obligation d'enregistrer un sous-domaine à chaque fois qu'un site sera ajouté au réseau. Car, sans cela, vous seriez obligé de le faire manuellement à chaque fois qu'un site du réseau sera créé. C'est-à-dire qu'à chaque fois que vous allez ajouter un nouveau site au sein du réseau, vous allez devoir créer un nouveau sous-domaine qui comporte la même adresse que le site créé. Entrez ensuite l'adresse du dossier dans lequel le site est installé (c'est-à-dire la racine du site), puis validez.

Notez que cette opération n'est nécessaire que lorsque vous avez choisi l'option sous-domaines au moment de la création du réseau multisites.

Retournez à présent sur votre page de création d'un nouveau site afin de continuer l'opération. Sur cette page ouverte, saisissez le nom du site qui fera en même temps usage d'adresse de celui-ci, ainsi que son titre. Si l'administrateur du site n'est autre que vous, laissez le champ « adresse de contact d'administrateur » tel qu'il est, c'est-à-dire vide. Mais si l'administrateur de ce site est un nouvel utilisateur, saisissez son adresse de contact, ainsi donc, un compte administrateur sera automatiquement créé à son intention. Un email de bienvenue lui sera également envoyé d'une manière automatique. Celui-ci contiendra les éléments d'authentification dont l'utilisateur se servira pour se connecter au site. Au même moment, un email de notification sera envoyé à l'administrateur du réseau pour l'informer qu'un nouveau site vient d'être créé au sein du réseau. Cet email comporte le nom du site, son adresse internet (URL) ainsi que son adresse IP. Tout cela se fait, bien évidemment, de façon automatique.

Maintenant que le nouveau site vient d'être créé, vous pouvez le visualiser en cliquant sur son adresse internet (URL) se trouvant dans l'email que vous aurez reçu. Néanmoins, le site ne sera opérationnel qu'après quelques instants, le temps que le serveur web s'actualise et prenne en charge les modifications qui viennent d'être effectuées. À partir du moment où le site sera opérationnel, l'utilisateur pourra se connecter sur son espace d'administration, afin de le gérer.

Quant à l'administrateur du réseau (super-admin), il pourra à tout moment l'administrer, le modifier, le désactiver, le supprimer à partir des liens qui s'affichent lors du survol du site, sur la page des sites du réseau (sites→tous les sites).

Thèmes du réseau

Un site nouvellement ajouté s'affiche avec le thème du réseau par défaut.

L'utilisateur d'un site n'aura la possibilité d'installer un nouveau thème que lorsque l'administrateur du réseau aura activé plusieurs thèmes au sein de celui-ci. Le super-admin du réseau doit donc activer le thème en question sur la page de gestion des thèmes de l'espace d'administration du réseau (domaine.com/wp-admin/network/themes.php), afin que celui-ci soit visible sur la page des thèmes de tous les sites du réseau.

À partir de ce moment-là, l'utilisateur d'un site de réseau pourra installer le nouveau thème sur son site.

Extensions du réseau

Au même titre que les thèmes d'un réseau de sites, les extensions doivent être aussi activées au sein du réseau pour que l'utilisateur puisse également s'en servir.

À l'exception de quelques extensions multisites, qui peuvent être installées sur le réseau et être paramétrées de manière à ce qu'elles soient opérationnelles sur tous les sites du réseau, sans que l'utilisateur soit dans l'obligation de les installer dans son site pour s'en servir. C'est le cas par exemple des extensions de référencement, de sauvegarde, etc. La plupart d'entre elles sont identifiables dans leurs descriptions.

Les utilisateurs du réseau

Vous l'aurez remarqué, une fois qu'un site vient d'être ajouté au sein du réseau, un compte utilisateur est créé automatiquement si celui-ci n'existe pas encore.

Là encore, l'administrateur du réseau pourra ajouter d'autres utilisateurs dans le réseau et dans les sites du réseau et leur attribuer les droits d'un compte que peut avoir un utilisateur.

L'administrateur d'un site du réseau peut quant à lui ajouter des utilisateurs seulement dans son site, et non dans le réseau. Sauf s'il possède les droits d'un super-admin.

Désinstaller l'option multisites

Pour désinstaller le réseau multisites, il suffit de mettre à exécution, l'inverse de l'opération que vous avez effectuée au moment de la création de l'option multisites. C'est-à-dire effacer les lignes de code que vous avez ajoutées dans les fichiers « wp-config.php » et « .htaccess » au moment de l'installation.

Ensuite, sur le serveur, dans le dossier « wp-content » supprimez le dossier « sites » dans lequel se trouvent les fichiers des sites du réseau.

Enfin, au niveau de l'hébergeur, désactivez les sous-domaines créés.

La sécurité dans WordPress

L'installation de WordPress s'est bien déroulée, le site est lancé et il est déjà opérationnel. Ce qu'il convient de faire maintenant, c'est de bien rester sur vos gardes.

Car, en plus de protéger votre site contre les spams, il est d'une importance capitale de le protéger aussi contre les intrusions ainsi que contre les éventuels risques que peut courir un site dans cette jungle qu'est la toile.

En effet, le web est un monde rempli de gens mal intentionnés qui peuvent apporter des nuisances à votre site. Même si les serveurs d'hébergement web sont de plus en plus sécurisés de nos jours, il est tout de même vivement conseillé de prendre ses précautions afin de bien protéger son périmètre.

À cet effet, des mesures drastiques s'imposent.

Des sauvegardes régulières

Effectuer des sauvegardes régulièrement au niveau de la base de données et des fichiers est la meilleure des solutions pour épargner votre site et son contenu contre tout éventuel incident. La sauvegarde s'effectue au niveau de la base de données et au niveau des dossiers contenant les fichiers de votre site.

La plupart des prestataires de services d'hébergement proposent des solutions de sauvegarde. Renseignez-vous donc auprès du vôtre, s'il en possède une, afin d'en profiter.

Sauvegarde manuelle

La plus laborieuse certes, mais la plus sûre. Cette solution, qui consiste à effectuer une sauvegarde manuellement, est de moins en moins utilisée ces derniers temps au profit des sauvegardes automatiques. Néanmoins, il est préférable de savoir s'en servir en cas de besoin.

Cette solution consiste à se servir d'une extension dénommée « importateur WordPress » afin d'effectuer des sauvegardes au quotidien.

Dans la pratique, pour faire cela, rendez-vous sur la page « outils→importer ». Sur cette page, parmi les éléments présents, sélectionnez WordPress. Ensuite, installez et activez l'extension qui lui est liée.

Cette extension a pour vocation de sauvegarder le contenu de votre site sur votre ordinateur, au format XML. Avec cette sauvegarde, vous allez pouvoir restaurer votre site en cas de dysfonctionnement de ce dernier ou de « crash » de votre serveur.

Dans la pratique, pour effectuer cette opération, dirigez-vous sur la page « outils→exporter », ensuite, choisissez l'option qui vous convient entre sauvegarder tout le contenu ou seulement des articles et des pages. Puis, téléchargez le fichier de la sauvegarde et enregistrez-le sur votre disque dur. Ce fichier XML sauvegardé contient les articles, les pages, commentaires, champs personnalisés, termes, menus de navigation et types de contenu personnalisés seulement. Mais il ne contient pas les thèmes du site, les extensions, les mises à jour, les fichiers envoyés sur le site tels que les images, les fichiers son, vidéo, etc.

Ainsi donc, pour sauvegarder tout cela, c'est-à-dire tout ce qui ne figurera pas dans le fichier XML sauvegardé, il faut sauvegarder régulièrement le dossier « wp-content » se trouvant à la racine du site, en le copiant sur votre ordinateur.

La restauration de la base

Maintenant que vous effectuez une sauvegarde régulièrement, le jour où le site tombera avec les données, il vous suffira juste d'effectuer une restauration à partir du fichier XML que vous détenez. Pour effectuer cette opération, rendez-vous sur la page « outils→importer ». Sur cette page, parmi les éléments présents, sélectionnez WordPress. Sur la page ouverte, parcourez et sélectionnez le fichier XML sauvegardé dans votre ordinateur. Ensuite, cliquez sur « envoyer le fichier et l'importer ». Une fois l'opération terminée, vous remarquerez la présence du contenu qui était jusque-là égaré.

Sauvegarde automatique

C'est la plus utilisée. Cette solution attire de plus en plus les convoitises, grâce aux multitudes d'extensions qui lui sont dédiées. De plus en plus nombreuses et de plus en plus efficaces, ces extensions aux multiples casquettes donnent à l'utilisateur l'embarras du choix au niveau des paramètres. Certaines proposent la sauvegarde des bases seulement, d'autres proposent de sauvegarder les fichiers avec la base de données, d'autres encore invitent à tout sauvegarder. Il y en a même qui proposent de sauvegarder dans le Cloud. À vous d'opter pour celle qui vous convient et, surtout, de bien vérifier, car certaines sont payantes.

Ici, nous allons nous focaliser sur une méthode de sauvegarde parmi les meilleures, elle se nomme « BackUpWordpress ».

En effet, cette extension permet de tout faire en matière de sauvegarde. De la sauvegarde de la base de données uniquement jusqu'à la sauvegarde complète du site, d'une manière automatique.

Vous avez aussi les moyens de sauvegarder vers différentes plates-formes comme le Cloud, mais cela entre dans le cadre commercial.

Dans la pratique, une fois l'extension installée et activée, rendez-vous sur la page « outils→sauvegardes », afin de configurer les paramètres de sauvegarde.

Sur cette page, définissez les paramètres que vous souhaitez mettre en place au niveau de l'opération. En commençant par les éléments à sauvegarder (la base de données, les fichiers ou les deux). Ensuite, précisez la périodicité de la sauvegarde : par jour, par semaine, par heure, etc. Puis, entrez l'heure du début de l'opération et le nombre de sauvegardes à effectuer ainsi que votre adresse email, si vous souhaitez être tenu au courant une fois l'opération terminée. Validez enfin en cliquant sur le bouton « terminer ».

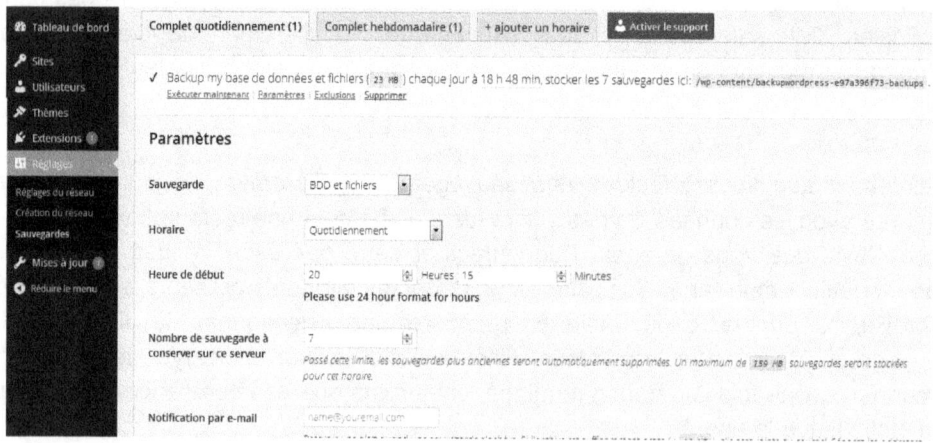

Paramètrage des sauvegardes

Toute sauvegarde effectuée se trouvera à la racine du site, plus précisément dans le dossier « /wp-content/backupwordpress/ ». À toute épreuve, les sauvegardes seront visibles sur la page d'accueil de l'extension (outils→sauvegardes) à partir de laquelle vous pouvez les télécharger et les sauvegarder sur votre ordinateur, voire les supprimer carrément.

Restauration d'un site sauvegardé

Maintenant que vous possédez des sauvegardes de votre site, si celui-ci ou le serveur est en panne, vous pouvez effectuer une restauration de votre site à partir de la sauvegarde.

Tout d'abord, il faudra restaurer la base de données se trouvant parmi les fichiers dans le dossier compressé de la sauvegarde. Ce fichier, commençant par le nom de votre site et qui se termine par « .sql », doit être importé dans la partie de « phpmyadmin » de votre hébergement. Ensuite, copiez tous les fichiers présents dans la sauvegarde vers la racine de votre hébergement web, comme vous avez eu à le faire au moment de votre première installation de WordPress. Puis relancez le site et le tour est joué.

Protéger les répertoires de votre site

Vous avez remarqué que WordPress possède plusieurs répertoires au niveau des fichiers sources. Certains sont facilement accessibles à partir du navigateur web de n'importe quel utilisateur. Comme c'est le cas par exemple du dossier « /wp-content/uploads/ » dans lequel sont stockés les fichiers envoyés sur le site. D'autres dossiers sont aussi exposés à ce danger, même si la plupart des répertoires sensibles possèdent déjà un niveau de sécurité bien défini. Ce qui n'est pas le cas pour tous les répertoires, malheureusement.

Pour y remédier, il vous suffira de copier un bout de code dans le fichier « .htaccess » se trouvant à la racine du site web. La ligne de code est la suivante : Options All–Indexes.

Ainsi, les dossiers se trouvant à la racine de votre site seront désormais protégés, donc inaccessibles à partir d'un navigateur.

Maintenir WordPress à jour

L'une des solutions pour lutter contre les défaillances et les failles qui peuvent conduire votre site à être vulnérable aux attaques, solution qui n'est pas des moindres, c'est bel et bien le maintien à jour de WordPress. Car, vous l'aurez bien compris, les mises à jour ne servent pas seulement à améliorer le fonctionnement et le design de WordPress, elles servent aussi à corriger des failles et bugs que peut contenir le programme ainsi qu'à améliorer la sécurité de WordPress.

À cet effet, il vous faudra tenir votre WordPress à jour, le thème ainsi que les extensions. Comment faire ?

Il suffit de vérifier à tout moment si de nouvelles mises à jour sont disponibles depuis la page des mises à jour de WordPress (Tableau de bord→Mises à jour) et sélectionnez ensuite la mise à jour à effectuer.

PARTIE III

LE COMMERCE ÉLECTRONIQUE (E-COMMERCE)

Installer et configurer sa boutique en ligne

Les sites de vente en ligne ne cessent de fleurir tous les jours sur la toile, telle la mauvaise herbe, de la plus grande distribution aux plus petites boutiques du coin, en passant par les prestataires de service. Tout ce beau monde possède déjà son site de vente en ligne.

Nombreux sont ceux, parmi vous, qui considèrent qu'il faut être un développeur chevronné pour arriver à créer un site de commerce électronique. Détrompez-vous, car avec l'outil WordPress tout le monde, et je dis bien tout le monde, peut, à son tour, créer sa propre boutique électronique.

Mais comment ? C'est assez simple.

Les lignes qui suivent apporteront une réponse à cette question.

Prérequis

Afin de pouvoir monter un site de vente en ligne dans WordPress, des outils spécifiques sont requis.

Ces outils sont :

- des extensions permettant à la transformation d'un site WordPress standard en un site de commerce électronique ;
- des thèmes spécifiques, adaptés à l'extension de commerce électronique installée.

Les extensions dédiées à la création des sites e-commerce (commerce électronique), dans WordPress, sont nombreuses. Seulement, dans ce livre, nous allons nous servir de l'extension qui est la plus complète, la plus évolutive et la plus prometteuse. Cette extension est bel et bien WooCommerce.

Ainsi, en ce qui concerne les thèmes, nous allons faire appel à des thèmes adaptés à l'extension WooCommerce.

WooCommerce, qu'est-ce que c'est ?

WooCommerce est une extension de commerce en ligne développée par la société Woothème, un leader dans le marché des thèmes et extensions WordPress récemment racheté par Automattic.

Elle a comme vocation l'installation et la gestion d'un site e-commerce sous WordPress.

Télécharger et installer WooCommerce

Vous souvenez-vous du chapitre sur les extensions ? Eh bien, c'est le moment de mettre en pratique ce que vous avez vu dans ce chapitre.

Plusieurs possibilités s'offrent à vous pour l'installation de WooCommerce :

- soit, la chercher et l'installer à partir de l'interface d'administration de WordPress, sur la page d'ajout des extensions, en saisissant son nom sur le formulaire de recherche ;
- soit, en la téléchargeant sur le site de WordPress, dans la catégorie des « extensions » : (https://wordpress.org/plugins/woocommerce/) ;
- ou bien la télécharger directement sur le site officiel de l'extension à l'adresse : www.woothemes.com/woocommerce/.

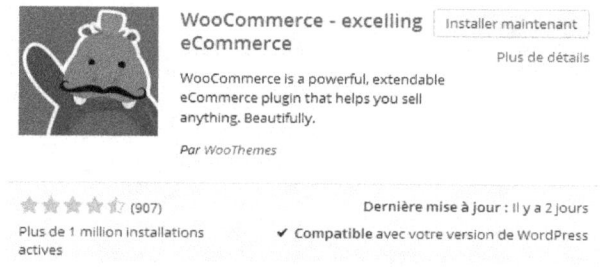

WooCommerce

Un thème

En ce qui concerne le thème, comme nous venons de l'évoquer, il nous faudra bien évidemment un thème adapté à WooCommerce, car, bien sûr, tous les thèmes ne peuvent pas fonctionner avec WooCommerce. Il faut des thèmes bien adaptés, capables de fonctionner avec l'extension.

Donc, retenez bien ce point important : lorsque vous allez vous procurer le thème de votre boutique, vérifiez bien si celui-ci est adapté à WooCommerce.

Cas pratique : cas d'un thème Woothème

Woothème étant le leader du marché des extensions et des thèmes WordPress orientés e-commerce, il conçoit et développe des thèmes et extensions à disponibilité gratuite ou payante. C'est le cas par exemple de l'extension WooCommerce dont nous allons découvrir les fonctionnalités ci-après. Mais tout d'abord, passons à la découverte du thème e-commerce « wootique », un thème mis à disposition gratuitement, dont nous allons nous servir durant cette partie consacrée au commerce en ligne.

Installer et configurer Wootique

Sur le site officiel de Woothème, dirigez-vous sur la page du thème « wootique », en entrant l'adresse suivante : www.woothemes.com/products/wootique, ou en saisissant directement sur le formulaire de recherche du site de Woothème le terme « wootique ». Ajoutez le thème au panier en cliquant sur « add to cart ». Validez la commande. Passez à la caisse. Créez un compte en entrant vos coordonnées puis téléchargez gratuitement le thème « wootique ». Une fois qu'il est téléchargé, installez-le, puis activez-le et passez à la configuration.

L'opération s'étant bien déroulée, il apparaît sur le menu d'administration le nom du nouveau thème nouvellement installé. Cliquez sur ce dernier afin de procéder à sa configuration.

Les paramètres de configuration de Wootique sont assez nombreux. Seulement ici, sur cet exemple, nous allons nous focaliser sur les plus indispensables, à savoir les « paramètres de réglage général » (general setting). Pour le reste, je vous invite à le découvrir vous-même sur le site officiel du thème (si l'anglais ne vous pose pas de problème).

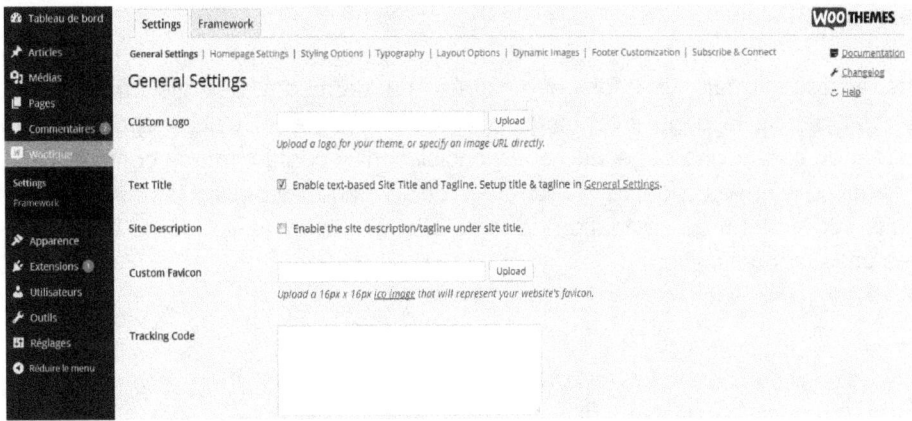

Page de configuration de Wootique

Configuration générale (general setting)

Cette étape est la plus indispensable, car c'est elle qui va définir entre autres l'affichage du nom du site, la description et l'image d'en-tête (si vous laissez tel quel, Wootique affichera son logo par défaut).

Sans plus tarder, procédons aux différents réglages des paramètres généraux.

Pour ce faire, sur la page de configuration de Wootique (wootique→setting), cliquez sur l'onglet « General setting » afin de procéder aux différents réglages de configuration générale. Sur cette page ouverte figurent plusieurs options de réglage. Seulement, nous allons nous intéresser à ce qui paraît à mes yeux le plus important, à savoir le logo de notre site (custom logo), le titre du site (text title), la description (site description) et l'email de contact de la boutique (contact form email).

Le logo

Pour ajouter un logo à notre site, rien de plus simple. Sur l'entrée « custom logo », cliquez sur « upload » (charger), afin d'aller sélectionner l'image et de la charger. Ou bien entrez son adresse directement si vous la connaissez. Si vous souhaitez supprimer l'image chargée, vous n'avez qu'à cliquer sur « remove uploaded image » pour la supprimer.

Le titre et la description

Vous avez le choix d'afficher soit le logo, le titre et la description du site, soit le titre seulement (titre et description présents sur la page réglage→général, de WordPress ou ceux présents sur la page de configuration générale de Wootique). Pour afficher le titre et la description à la place du logo, il vous suffit de cocher les deux. Vous pouvez afficher le titre seulement, sans la description, en décochant la case de cette dernière.

Email de contact

Cette adresse email, une fois enregistrée, va permettre aux visiteurs de vous contacter depuis la page « contact », si vous l'avez créée. Cette page de contact s'obtient en créant une page vide et en choisissant « contact form » comme modèle de page au sein du module « l'attribut » de la page « contact form ». Ajoutez-la ensuite sur le menu de navigation de votre site. N'oubliez toujours pas d'enregistrer après chaque modification.

Configuration de WooCommerce

Maintenant que nous avons fini de configurer le thème qui va pouvoir accueillir notre boutique, passons à la configuration générale de WooCommerce. L'extension avec laquelle nous allons pouvoir installer, configurer et gérer notre boutique.

Sans plus tarder, mettons la main à la pâte, car, je peux vous l'affirmer, nous avons bien du pain sur la planche.

Pour ce faire, dirigez-vous sur la page de configuration de WooCommerce (WooCommerce→paramètres) afin de procéder au paramétrage de notre boutique. Vous remarquerez la présence de plusieurs onglets sur cette page. C'est à partir de ces onglets-là que vous allez configurer presque tous les paramètres nécessaires au bon fonctionnement de votre boutique.

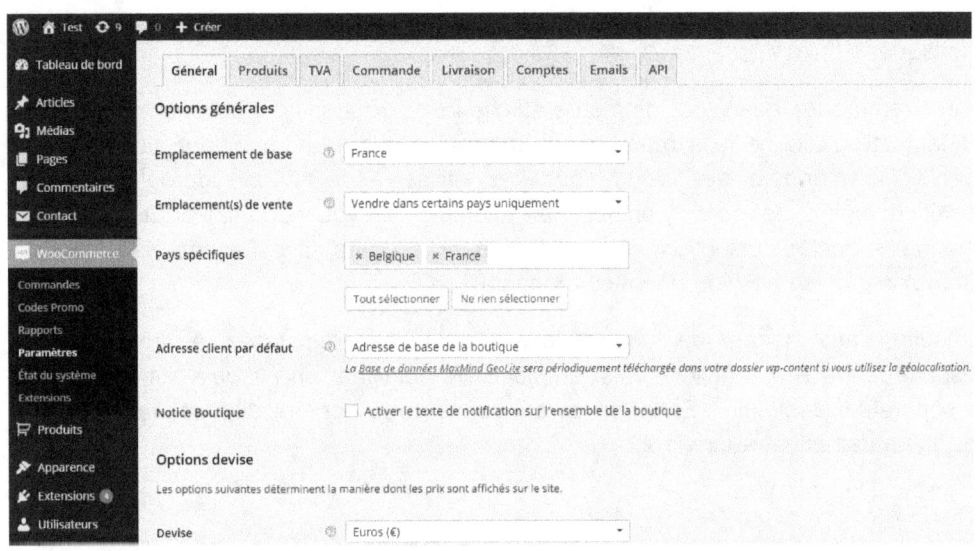

Espace de paramétrage de WooCommerce

Paramétrage général

Commençons par le commencement.

Le premier onglet de cette page (qui s'ouvre le premier d'ailleurs) est l'onglet « général ». C'est à partir de celui-ci que vous allez définir l'emplacement géographique de votre boutique. Le ou les emplacements où vous allez pouvoir effectuer les ventes de votre boutique.

Pour ce faire, premièrement cliquez sur le menu déroulant de l'option « emplacements de base » afin de choisir le pays où se trouve votre boutique. Ensuite, définissez-le ou les endroits géographiques où vous allez vendre vos produits. Si vous souhaitez vendre au niveau international par exemple, sur la liste déroulante de l'option « emplacement de vente », choisissez l'élément « vendre dans tous les pays ». Et si vous souhaitez vendre dans un ou plusieurs pays spécifiques, toujours sur la liste déroulante, choisissez l'entrée « vendre dans certains pays » et entrez le ou les noms des pays sur la case qui vient d'apparaître en dessous, après que vous avez choisi cette option. Juste après se présente l'option « notice boutique », qui permet d'afficher un texte de notification en haut de page sur l'ensemble du site web, une fois que sa case est activée. Vous pouvez modifier le texte présent sur le champ de texte « texte de notice » en entrant le vôtre. Ce champ apparaît après que vous avez coché la case de « notice boutique ».

Définissez une monnaie

Toujours sur la même page (sous le même onglet « général ») dans la catégorie « options monnaie », vous allez définir la monnaie dont vous allez vous servir sur la boutique.

Vous remarquez que WooCommerce affiche la « livre sterling » comme monnaie par défaut et positionne le symbole de la monnaie à droite. Cependant, vous pouvez choisir la monnaie que vous souhaitez utiliser, sur la liste déroulante et le positionnement de son symbole. Par exemple, si vous souhaitez utiliser l'euro comme monnaie, sélectionnez l'emplacement à droite, avec espace, sur la liste déroulante de sa position (Position monnaie).

Ensuite, dans la case de « séparateur de milliers », remplacez la virgule par un espace (espace du clavier), puis remplacez le point par une virgule sur la base du « séparateur décimal ». Enfin, en ce qui concerne le nombre décimal, laissez-le tel qu'il apparaît (c'est-à-dire le 2).

Paramétrer les options des produits

La configuration de la boutique suit son cours. Cette fois-ci, il s'agit de l'étape de paramétrage des options des produits. C'est-à-dire celle qui consiste à définir les unités de poids et de dimensions des produits, et également d'activer ou non les avis des clients ; ainsi que la page sur laquelle nous allons afficher les produits en vente sur la boutique. Les options d'affichage, les données de produits et la méthode de téléchargement de fichier, pour les produits téléchargeables. Afin de procéder au paramétrage de ces options, cliquez sur l'onglet « produit ».

Vous avez remarqué qu'après avoir installé et activé le thème et l'extension WooCommerce, plusieurs pages sont apparues sur la liste des pages de votre site. Parmi elles, une page nommée « boutique ». Cette page sert à afficher les différents produits et catégories en vente sur le site. Cependant, vous pouvez remplacer cette page par une des autres présentes sur la liste déroulante de l'option « page archive produits/boutique »à partir du lien « affichage », même si c'est déconseillé. Ensuite, à partir du même lien, sous l'onglet « affichage » définissez la manière selon laquelle vous souhaitez afficher les produits sur la page « boutique ». Parmi les paramètres présents sur la liste déroulante de l'option « affichage page boutique » vous avez le choix entre : « afficher seulement les produits », « afficher seulement les catégories » ou bien « tout afficher ». Faites la même chose sur l'option suivante, en choisissant la manière avec laquelle vous souhaitez afficher les catégories. Juste après, définissez l'ordre d'affichage des produits en choisissant une entrée, sur la liste déroulante de l'option « tri par défaut des produits ». Vous pouvez aussi modifier les paramètres d'affichage par défaut des produits, de la même manière que celle que vous avez utilisée pour modifier la page « boutique ». Ensuite, vous avez la possibilité de rediriger ou non le client vers le panier, après l'ajout réussi d'un produit et l'option « activer ou non les boutons ajax », d'ajout au panier sur les archives. Pour ma part, je vous conseille de les laisser telles qu'elles sont.

Les tailles de l'image

Ces paramètres permettent de modifier les différentes tailles d'affichage des images des produits. Pour ce faire, rentrez les valeurs des différentes tailles dans les différentes cases dans lesquelles vous souhaitez voir les images des produits de la boutique s'afficher.

Produits téléchargeables

Si vous souhaitez vendre des produits numériques sur votre site, vous allez être amené à configurer les paramètres de téléchargement. Il est conseillé de cocher les options de restriction d'accès afin que les téléchargements ne soient permis qu'aux clients et d'autoriser directement le téléchargement après le paiement du produit.

Nous venons de terminer le paramétrage des différentes options des produits, nous allons maintenant passer à l'étape suivante.

Paramétrer les taxes

Si vous êtes amené à payer des taxes sur les produits en vente sur votre boutique, vous serez dans l'obligation de les ajouter au prix de vos produits. Dans WooCommerce, vous trouvez toutes les options qui permettent de configurer les différents paramètres des taxes. Sans plus tarder, placez-vous dans l'onglet « TVA » pour les découvrir. Une fois sous le lien « options de taxe » (toujours sous l'onglet « TVA »), la première chose à faire c'est d'activer les taxes, en cochant la case « activer la TVA et les calculs de la TVA ». Ensuite, dirigez-vous sur le lien « taux standards » afin d'ajouter la nouvelle taxe qu'on vous a imposée.

Pour ce faire, cliquez sur « insérer une ligne ». Ensuite, sur la ligne apparue, saisissez les différents renseignements, puis cliquez sur « enregistrer les changements ». Si vous avez du mal à trouver les codes de votre pays, cliquez sur le lien « voir ici » ci-dessus, afin d'obtenir tous les codes des différents pays. Pour le cas de la France par exemple, le code du pays est « FR ».

Il n'y a pas plusieurs États ni de taxe pour chaque région ou chaque ville à l'intérieur de la France, donc, ne touchez pas aux cases « code d'État », « code postal », « ville ».

Le taux de la taxe, puisqu'il s'agit de la TVA, c'est vingt pour cent. Le nom de la taxe : TVA.

Priorité : il n'y a pas plusieurs taxes, donc il n'y a rien à indiquer.

« Cumulable » : non, cette taxe est calculée une seule fois, donc décochez cette case.

« Livraison » : décochez cette case, car cette taxe s'applique seulement aux produits.

Maintenant que vous avez activé et créé la taxe, retournez sous l'onglet « Option TVA », afin de définir comment vous souhaitez l'afficher et la calculer.

Les moyens de paiement

Il est grand temps d'ajouter les moyens de paiement sur notre boutique. Car qui dit commerce électronique dit paiement électronique (carte de crédit, virement bancaire, PayPal, etc.), mais aussi paiement physique, car le produit acheté en ligne peut être réglé par chèque, en espèces, c'est le cas par exemple du paiement effectué au moment de la livraison. Dans ce chapitre, nous allons découvrir ensemble les différents modes de paiement présents sur WooCommerce.

Les différents modes de paiement

La quasi-totalité des modes de paiement présents sur le web existent dans WooCommerce. Il vous appartient de choisir celui qui vous convient le mieux. Par défaut, WooCommerce intègre quatre modes de paiement. À savoir :

- virement bancaire ;
- paiement par chèque ;
- paiement à la livraison ;
- paiement via PayPal.

Mais sachez que vous pouvez ajouter d'autres moyens de paiement par le biais des extensions complémentaires fournis par les banques (donc renseignez-vous auprès de votre banque pour savoir si elle possède une extension compatible avec WooCommerce) ou par WooCommerce. Vous pouvez également le faire au moyen d'opérateurs de service (OSP) dont Ingenio (anciennement Ogone), Paybox, Limonetik, etc.

Le paiement par virement bancaire

Parmi les moyens de paiement incorporés dans WooCommerce figure le virement bancaire. Un moyen de paiement qui s'effectue par le virement de la somme vers le compte que vous allez créer et spécifier dans WooCommerce.

Le paiement par chèque

Vous pouvez aussi autoriser le paiement par chèque au nom de la boutique.

Le paiement à la livraison

Vous pouvez choisir le mode de paiement à la livraison de l'article.

Le paiement par PayPal

C'est aujourd'hui l'un des moyens de paiement parmi les plus utilisés dans le commerce électronique.

En intégrant ce moyen de paiement sur votre site, vous offrez à vos clients la possibilité d'effectuer le paiement directement via leur compte PayPal, s'ils en possèdent un, ou avec leur carte bancaire.

Choisir un ou plusieurs modes de paiement

Vous avez tout à fait la possibilité d'intégrer un ou plusieurs des moyens de paiement cités ci-dessus, voire tous, sur votre site. Pour intégrer un moyen de paiement présent dans WooCommerce, il faut d'abord l'activer, puis entrer les informations qui sont nécessaires à son fonctionnement. Pour ce faire, sous l'onglet « commande », cliquez sur le lien du mode de paiement que vous souhaitez intégrer dans votre boutique, afin de procéder à son activation et à sa configuration.

Activation et configuration des différents modes de paiement

L'intégration de divers moyens de paiement parmi les différents modes de paiement présents sur « WooCommerce » nécessite d'abord leur activation avant de poursuivre leur configuration. C'est donc la première opération à effectuer. Pour ce faire, sous l'onglet « commande », cliquez sur le lien du mode de paiement et cochez la case qui sert à l'activation, poursuivez la configuration en renseignant bien évidemment les différentes informations nécessaires au bon fonctionnement de celui-ci.

Pour le virement bancaire par exemple, une fois que vous avez activé cette option, vous devez modifier son titre et sa description. Ensuite, entrez les détails du compte, juste en dessous, puis cliquez sur « enregistrer les changements ».

Pour le paiement par chèque, c'est pareil. Une fois cette option activée, rentrez les détails de la boutique sur les champs de texte « description » et « instructions » que le vendeur utilisera pour vous envoyer le chèque.

Ensuite, pour le paiement à la livraison, c'est très simple. Activez-le et ensuite, modifiez, ou bien laissez le titre et la description tels qu'ils sont.

Enfin, pour le paiement au moyen de PayPal, une fois ce mode de paiement activé, poursuivez la configuration en rentrant les informations qui vous seront communiquées après que vous aurez créé un compte PayPal. Avec WooCommerce, il suffit d'insérer l'adresse email de PayPal, celle enregistrée par cet organisme, et le tour est joué. Si vous rencontrez des difficultés ou avez des doutes sur quoi que ce soit au moment de la création du compte ou lors de l'étape de l'intégration dans WooCommerce, n'hésitez pas à vous renseigner auprès de PayPal (www.paypal.com/fr/home).

Maintenant que vous avez terminé la configuration du ou des modes de paiement que vous allez accepter sur votre site, dirigez-vous vers la partie « passerelle de paiement », en cliquant sur le lien « option de commande ».

Sur cette partie, vous pouvez changer l'ordre d'affichage des différents modes de paiement sur votre site, avec un simple « glisser-déposer ».

Passerelle	ID Passerelle	Activé
PayPal	paypal	⊘
Paiement par Chèque	cheque	⊘
Virement Bancaire	bacs	-
Paiement à la livraison	cod	-

Les modes de paiement présents dans WooCommerce

Les conditions générales de vente (CGV)

Toute activité commerciale doit impérativement faire l'objet de conditions générales de ventes. Il en va de même pour la vente en ligne. Cependant, certains pays exigent la présence de ces conditions générales de vente sur la boutique en ligne, de manière à ce que le client les accepte bien avant de passer une commande. Seulement, la complexité de préparation et de mise en place de ces derniers exige de faire appel à un connaisseur en matière de droit commercial. Cependant, référez-vous à la Chambre de commerce de votre région, à un conseiller juridique ou bien à un avocat afin de trouver de l'aide sur la mise à disposition des CGV de votre site.

Une fois les conditions générales de vente de votre site rédigées et prêtes, placez-les dans une page de votre site que vous allez créer pour l'occasion et nommez-la « Les conditions générales de vente de la boutique ».

Dirigez-vous ensuite vers la page des paramètres de WooCommerce, dans l'onglet « commande ».

Là encore, parmi les options présentes sur la catégorie « page de commande », sur la liste déroulante de l'option « conditions générales de vente », sélectionnez la page que vous venez de créer puis enregistrez les changements.

À partir de cet instant, le client devra d'abord accepter les conditions générales de vente de votre boutique avant de passer une commande.

La livraison

Quand on parle de commerce électronique (donc à distance), on doit forcément parler des différents modes de livraison que vous allez utiliser pour livrer les produits achetés si vous souhaitez vendre des produits physiques. Peu importent les modes de livraison que vous pensez utiliser sur votre site (livraison à taux fixe, gratuite, selon la distance, etc.), vous pouvez les incorporer sur votre boutique avec WooCommerce. Mais avant d'en arriver là et de prendre toute décision, il faut vous renseigner auprès des prestataires de ce service (poste, DHL, TNT, etc.).

Paramétrer les options des livraisons

Avant de choisir tel ou tel mode de livraison dans WooCommerce, vous devez d'abord paramétrer les options générales de livraison. C'est en faisant cela que vous allez pouvoir commencer par activer la livraison sur la boutique, ensuite vous activerez les emplacements dans lesquels vous allez effectuer les livraisons, en cochant ou en décochant les différentes options. Pour ce faire, dirigez-vous dans le lien « options livraison ». Comme nous l'avons déjà souligné, la première des choses à faire c'est d'activer la livraison en cochant la case « activer la livraison ». Ensuite, cochez l'option « calculateur de frais dans le panier » afin d'obtenir la somme totale que le client va régler au moment du paiement. Si vous vendez des produits numériques ou virtuels, vous devez la décocher, vu qu'il n'y aura pas de livraison. Pour l'option « masquez les frais de livraison jusqu'à ce qu'une adresse soit renseignée », il est conseillé de l'activer, surtout si vous allez appliquer des taux de livraison variables.

En ce qui concerne le mode d'affichage, il est bien pratique de laisser le client choisir la méthode de livraison de la marchandise par le biais des boutons radio plutôt que de choisir l'option « adresse de livraison par défaut ». Ainsi le client aura bien le choix de se faire livrer à l'adresse de facturation ou de rentrer une adresse spécifique pour la livraison autre que celle de la facturation.

Pour l'emplacement de la livraison, étant donné que vous vendez dans des pays spécifiques, il est tout à fait logique d'effectuer la livraison dans ces pays. Il vaut mieux donc choisir l'option « livraison dans tous les pays où vous vendez », sur la liste déroulante.

La livraison à taux fixe

Ce mode de livraison est le plus utilisé. Comme son nom l'indique, il permet de définir un coût de livraison par commande ou par article. Pour incorporer ce mode de livraison dans votre site, commencez d'abord par l'activer. Ensuite, entrez le titre de la méthode de livraison : « livraison à taux fixe » par exemple, ou bien « frais de livraison », tout simplement. Choisissez par la suite les pays spécifiques pour lesquels vous allez adopter cette méthode de livraison. Pour l' « État de la TVA », choisissez la valeur taxable, si le coût de la livraison l'est, ou bien la valeur « aucun » dans le cas contraire.

Entrez ensuite la somme du « coût par commande », c'est-à-dire le montant de la livraison par commande, puis enregistrez les changements.

La livraison gratuite

Vous choisissez cette méthode si vous souhaitez livrer vos produits gratuitement, avec ou sans condition. Après l'avoir activée, entrez le titre. Spécifiez le pays pour lequel vous utiliserez cette méthode de livraison. Choisissez ensuite la condition que cela va requérir parmi celles présentes sur la liste déroulante.

Les conditions présentes sur cette liste sont :

- **N/A (non applicable)** : ce qui veut dire sans conditions ;
- **un code promo de livraison gratuite valide** : c'est-à-dire que la livraison gratuite ne sera possible qu'après que le client aura entré un code promotionnel (dont nous allons voir prochainement, comment le paramétrer) ;
- **un montant minimum de commande** : cela veut dire que la livraison ne sera gratuite qu'après avoir effectué une commande à partir d'une somme spécifique que vous allez devoir spécifier juste au-dessous ;
- **un montant minimum de commande ou un coupon de réduction** ;
- **un montant minimum de commande et un coupon de réduction**.

Livraison internationale

Lorsque vous souhaitez effectuer la livraison à l'échelle internationale, vous devez activer cette option puis choisir les pays dans lesquels vous allez l'effectuer. Il vous faudra également définir si le coût sera taxable ou non et si le coût sera ajouté sur chaque article, sur toute la commande ou sur chaque classe de livraison (voir chapitre suivant).

Livraison locale

Activez cette méthode si vous comptez effectuer la livraison localement dans telle ou telle région. Dans ce cas, au moment du paramétrage, n'oubliez pas de rentrer le ou les codes postaux des régions dans lesquelles vous allez pouvoir appliquer cette méthode.

Retrait en point de vente

Lorsque vous n'effectuez pas la livraison aux clients, mais que vos clients viennent récupérer leurs produits chez vous, activez cette méthode. Néanmoins, spécifiez le ou les codes des régions et entrez comme titre un nom qui va permettre aux clients de s'y retrouver facilement. Une fois encore, n'oubliez pas d'enregistrer dès que le moindre changement est effectué.

Ajout et paramétrage des produits

Voici venue l'une des étapes les plus importantes de cette partie consacrée à la création de boutique en ligne dans WordPress. Celle qui va vous permettre par la suite de clamer, sur tous les toits et toute la toile, que vous avez un site de vente en ligne. En effet, nous allons découvrir ensemble, en long et en large, tous les différents produits vendables ainsi que les manières de les ajouter et de les paramétrer sur votre boutique en ligne.

Cependant, avant d'entamer les explications à cet effet, découvrons ensemble l'organigramme de la page dédiée à cette opération.

Organigramme de la page d'ajout des produits

Cette page ressemble beaucoup aux pages d'ajout d'articles et de pages, à l'exception près de la présence de quelques modules supplémentaires.

Il apparaît en premier lieu le titre du produit au lieu de celui de l'article ou de la page. Ici, la zone de texte sert à rentrer la description du produit. Ensuite, vous rencontrez le module « données produit ». C'est dans ce module que les informations capitales relatives aux produits à vendre seront saisies. Il est composé d'une partie supérieure sur laquelle figurent les paramètres des différents types de produits et plusieurs onglets, à gauche de sa partie inférieure. Sur la partie supérieure de ce module, sur une liste déroulante, sont listés les différents types de produits que vous allez pouvoir ajouter à votre boutique.

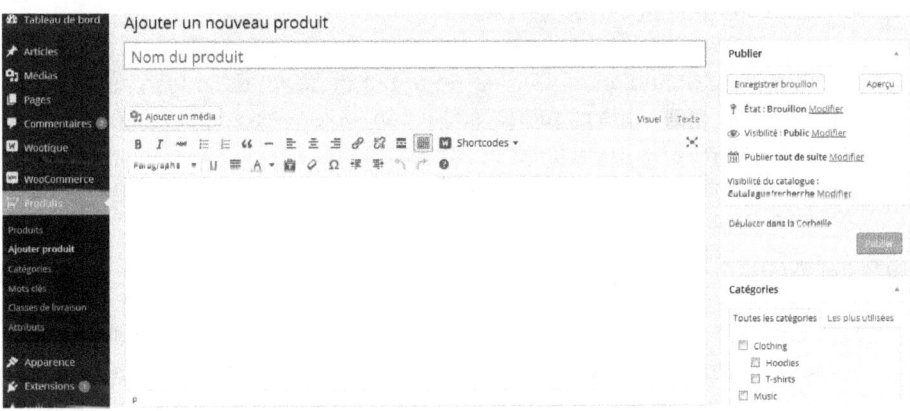

Page d'ajout des produits

Sur cette liste vous avez :

- **produit simple :** ce type de produit peut être physique, virtuel ou téléchargeable. Vous avez remarqué d'ailleurs l'apparition des options sélectives dès que ce type de produit est sélectionné.
- **produits groupés :** ceux-ci permettent de lier plusieurs produits dans un seul package.
- **produits externes :** ce genre de produits, comme leur nom l'indique, seront affichés sur votre site, mais seront vendus par un autre site, en externe.
- **produit variable :** c'est un produit avec plusieurs variations. Ces variations peuvent subsister au niveau des prix, de la dimension, de la couleur, du stock, etc.

Après le module « données produit », il y a le module « champ personnalisé » à partir duquel vous allez pouvoir ajouter, sur les pages des produits, des champs supplémentaires personnalisés.

En dernier lieu, il y a le module « description courte du produit ». Vous l'avez compris, c'est ici que vous allez saisir une description succincte du produit. Cette description s'affiche souvent au côté du produit, sur sa page.

Les onglets, quant à eux, sont au nombre de six. Certains parmi eux disparaissent et réapparaissent aux dépens du type de produit sélectionné.

Onglet général : c'est à partir de cet onglet que vous allez définir :

- L'UGS (unité de gestion de stock) qui va vous permettre de faire des analyses précises et croisées à partir de la référence unique à chaque produit que vous avez saisi sur le champ de texte UGS. Sachez que vous pouvez vous passer de cette UGS, car elle n'est pas obligatoire.
- Prix de votre produit.
- Prix promotionnel que vous avez le choix ou non de planifier par une période de promotion, en indiquant la date de début et de fin dans les cases qui vont apparaître lorsque vous cliquerez sur le lien « planifier », juste à côté.
- État de la taxe ; si le produit est taxable ou non.
- Classe de taxe ; parmi les classes existantes (nous avons vu précédemment comment procéder à la création de la taxe).

Onglet inventaire : à partir de cet onglet, vous allez définir :

- La gestion du stock, en activant ou non la gestion du stock du produit.
- La quantité du stock : celle-ci sera affichée sur la boutique à côté du produit. En tant qu'administrateur de la boutique, vous serez averti en cas de rupture de stock, si vous avez bien paramétré la gestion du stock dans l'onglet « produits→inventaire ». Ensuite, vous avez la possibilité d'autoriser ou non les commandes en cas de rupture de stock.
- État du stock : vous pouvez définir vous-même l'état du stock.
- Vendre ou non séparément un produit : si vous avez un ensemble de produits.

L'onglet livraison : dans cet onglet, vous définissez si nécessaire le poids en kilogrammes ainsi que la taille du produit. Ensuite, définissez la classe de livraison, s'il y en a (nous verrons prochainement comment créer une classe de livraison).

L'onglet produits liés : dans celui-ci, si vous le souhaitez, vous pouvez lier des produits déjà existants avec celui que vous venez d'ajouter. Ces produits, une fois liés, pourront être affichés sur la page du produit. Pour ce faire, saisissez le ou les produits à lier sur le champ de texte du label « montées en gamme ». Ils pourront également être affichés dans le panier de la commande. Dans ce cas, rentrez les noms des produits sur « ventes croisées ».

Onglet attribut : c'est à partir de celui-ci que vous allez pouvoir ajouter des attributs qui vont servir de variation si vous ajoutez un produit variable. Nous verrons prochainement en détail le cas des produits variables.

Onglet avancé : dans cet onglet, vous allez éventuellement pouvoir :

- saisir une note d'achat qui apparaîtra sur l'email de confirmation d'achat effectué sur la boutique, envoyé aux clients après l'achat ;
- changer l'ordre d'affichage du produit par rapport à son positionnement sur la page d'affichage des produits ;
- activer les avis sur ce produit, si vous avez autorisé les avis sur votre boutique.

Ajouter un produit simple

Nous l'avons évoqué précédemment, un produit simple peut être physique, virtuel ou numérique (téléchargeable).

Pour ajouter un produit physique sur la barre de menu, cliquez sur « Produit→Ajouter Produit ».

La page qui va s'ouvrir est celle que nous venons de découvrir en détail. Sans plus tarder, entrez donc le nom et la description du produit. Ensuite, sur le module « données produit », choisissez l'élément « produit simple », si ce n'est pas encore fait. Dans l'onglet général, saisissez si vous le souhaitez, l'UGS. Par exemple POLOGRIS ou autre. Renseignez le prix de vente, définissez ou non l'état et la classe de la taxe. Le produit étant taxable, choisissez donc l'option « taxable » sur la liste déroulante de l'élément « état de la TVA ».

La classe de la TVA est déjà existante, c'est une taxe standard, donc sur la liste déroulante de « classe de la TVA », sélectionnez l'option « standard ».

Dans l'onglet suivant, « inventaire », validez la case à cocher « activer la gestion du stock au niveau produit » afin de pouvoir gérer le stock de ce produit. Saisissez ensuite la quantité du stock existant, interdisez ou autorisez les commandes en rupture de stock (il est conseillé de ne pas autoriser la vente des produits en rupture de stock sur la boutique, mais c'est vous qui allez vendre, donc c'est à vous de prendre la décision). Ensuite, le produit étant en stock, sélectionnez l'option « en stock » sur l'état du stock. Pour pouvoir vendre un exemplaire de ce produit dans une unique commande, vous allez cocher l'option « vendu séparément ».

L'onglet qui suit est celui de la livraison. Ici, vous saisissez le poids du produit ainsi que sa taille, si cela vous paraît nécessaire. Sélectionnez ensuite la classe de livraison, si c'est le cas. Pour l'instant, ce n'est pas le cas, étant donné que nous n'avons pas encore créé des classes de livraison (chose que nous n'allons pas tarder à voir).

Dans l'onglet « produits liés », saisissez le ou les noms des produits à lier sur les zones de texte, « montées en gamme » et « ventes croisées ».

En ce qui concerne l'onglet « attribut », sur cet exemple, nous allons nous en passer étant donné que c'est un produit simple ; mais dans l'exemple des produits variables, nous passerons obligatoirement par là.

Dans l'onglet « avancé », vous allez pouvoir saisir une note d'achat. Cette note figurera sur le bon d'achat (comme nous l'avons évoqué précédemment) qui sera envoyé aux clients. Cela pourra être une note de rappel, d'information, etc.

Ajout d'image du produit

Afin de bien exposer le produit à vendre, il est d'une importance majeure d'insérer une ou plusieurs images du produit. Avec WooCommerce, vous avez la possibilité d'ajouter une image, voire une galerie d'images à votre produit.

Pour ce faire, allez sur la page d'ajout de produit. Afin d'aller chercher et changer l'image principale du produit, cliquez sur le lien « insérer une image à la une », celui-là même dont on se sert pour insérer une image à la une dans les articles.

Pour ajouter une galerie d'images, procédez de la même façon, mais cette fois-ci en cliquant sur « ajouter l'image à la galerie produits », du module « galerie produits ».

Une fois cette opération effectuée, cliquez sur « publier » afin de publier le produit sur le site. Retournez ensuite sur votre boutique en ligne pour observer le produit nouvellement publié.

Ajout d'un produit téléchargeable

Avec WooCommerce, vous avez la possibilité de vendre dans votre boutique en ligne un produit téléchargeable. Qui dit produit téléchargeable dit forcement produit numérique (fichier audio, vidéo, document textuel, fichier compressé, etc.).

Pour ajouter un produit téléchargeable dans votre boutique, sur la page d'ajout de produit (après, bien évidemment, avoir saisi le nom et la description du produit), sélectionnez l'option « produit simple », sur le module « données produit ». Cochez ensuite l'option « téléchargeable ».

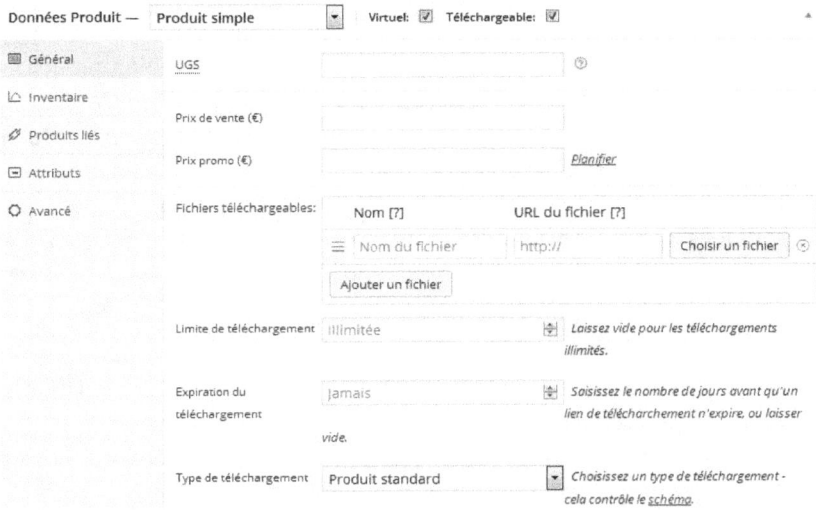

Après que vous aurez fait cela, vous remarquerez l'apparition de plusieurs options liées aux produits téléchargeables dans l'onglet « général » et l'absence de l'onglet « livraison ».

Le premier consiste à insérer le nom et l'adresse de localisation (url) du fichier téléchargeable. Pour cela, cliquez sur « ajouter un fichier ». Sur la ligne apparue, saisissez le nom du fichier et l'adresse sur laquelle se trouve le fichier téléchargeable. Ou bien cliquez sur « choisir un fichier » afin d'aller parcourir votre disque dur pour trouver le fichier souhaité. Apparaissent ensuite les options qui servent à limiter le téléchargement si besoin est. Enfin l'option qui sert à spécifier le type de téléchargement, si c'est un fichier audio ou une application ; pour ma part, je vous conseille de choisir l'option « produit standard ».

Pour le reste, poursuivez le paramétrage du produit comme nous l'avons précédemment vu avec le produit physique, et cliquez ensuite sur publier, une fois que vous aurez terminé l'opération.

Produit virtuel

En plus des produits physiques et produits téléchargeables, vous avez la possibilité d'ajouter aussi des produits virtuels sur votre boutique. Un produit virtuel peut être un service à vendre, un abonnement, etc.

Pour l'ajouter, toujours sur la même page d'ajout de produit, sélectionnez l'option « virtuel », en cochant sa case. Poursuivez le paramétrage et publiez une fois terminé.

Ajout d'un produit groupé

L'option « produits groupés » permet d'afficher un ensemble de produits appartenant à un groupe sur une seule page.

Le client aura donc le choix de mettre dans le panier un ou plusieurs produits en un seul instant. Pour ajouter un produit groupé, il n'y a rien de plus simple. Sur la page d'ajout de produit, après avoir saisi le nom et la description du groupe, sur le module « données produit », sélectionnez l'option « produits groupés » et cliquez sur publier. Une fois le groupe créé, pour ajouter des produits à ce groupe, il vous suffira de créer des produits simples et de sélectionner ensuite le nom du groupe existant sur la liste déroulante de choix de groupe, dans l'onglet « produits liés ».

Ajout d'un produit externe/ affiliation

En plus des produits en vente sur votre boutique, vous avez la possibilité d'ajouter sur votre site des produits se trouvant sur un autre site de vente en ligne. C'est ce qu'on appelle un produit externe. Celui-ci est inséré avec un lien qui permettra à l'internaute d'être redirigé vers le site externe détenant le produit à vendre. Dans la pratique, pour effectuer cette opération, au moment de l'ajout du produit, sélectionnez l'option « produit externe/affiliation ». Aux options initiales s'ajoutent deux autres options qui vous permettront de saisir l'adresse externe du produit ainsi qu'un texte faisant office de lien qui sera affiché sur un bouton et apparaîtra à côté du produit.

Ajout d'un produit variable

Souvent, la plupart des produits en vente sur les sites en ligne peuvent faire l'objet d'une variation au niveau de leurs prix, en fonction des variations de leurs tailles, couleurs, etc. C'est ce qu'on appelle des « produits variables ». Ce type de produit va vous permettre d'ajouter un seul produit avec plusieurs attributs (sexe, taille, couleur, prix, etc.), au lieu d'ajouter plusieurs produits simples ayant chacun ses attributs spécifiques. Donc, vous l'aurez compris, les attributs sont des critères que vous allez ajouter aux produits et qui vont permettre à ces derniers de varier. Pour ajouter un produit variable sur votre boutique, sur le module « données produit », sélectionnez « produits variables » dans la liste déroulante. Une fois cette opération effectuée, vous remarquerez l'absence des champs de texte, des tarifs du produit dans l'onglet général, plus d'autres encore. Comme c'est le cas de l'option « virtuel », « téléchargeable », etc. Vous remarquerez aussi l'apparition de l'onglet « variations » à partir duquel les attributs des produits seront paramétrés.

La première des choses à faire après avoir sélectionné l'option « produit variable » est de créer un ou plusieurs attributs avant de passer à son paramétrage. Pour ce faire, dans l'onglet « attribut », cliquez sur « ajouter ». Dans le module qui apparaît, saisissez le nom de l'attribut (la « taille » par exemple), ainsi que ses valeurs (les valeurs de l'attribut taille seront par exemple : « longue », « moyenne », « petite », etc.). Les valeurs de l'attribut doivent être séparées entre elles par une pipe (combinaison de la touche Altgr+6 alphanumérique). Ensuite, cochez les deux cases « visible sur la page » et « utilisé pour les variations », puis cliquez sur « sauvegarder les attributs ». La figure suivante illustre l'opération en cours.

Création d'un attribut

Maintenant que vous avez créé un attribut, vous allez pouvoir passer à son paramétrage dans l'onglet « variation ». Cependant, vous avez la possibilité à tout moment de modifier un attribut déjà créé et de sauvegarder les modifications. Vous pouvez aussi le supprimer en cliquant sur « enlever » en haut dudit module. Pour paramétrer un attribut, dans l'onglet « variation », cliquez sur « ajouter une variation ». Une fois cela fait, il apparaît une interface sur laquelle vous allez saisir les données liées aux produits (prix, classe de taxe, livraison, etc.).

Si les valeurs de l'attribut « taille » que nous venons de créer, à savoir les valeurs « longue », « moyenne » et « petite », comportent les mêmes données informatives (prix, stock, taxe...), sur la liste déroulante contenant l'attribut et ses valeurs (en haut de l'interface) sélectionnez tout l'attribut ; ici par exemple, nous allons sélectionner « toute taille » comme attribut. Ensuite, entrez les données des produits. En revanche, si chacune des valeurs de l'attribut possède ses propres informations spécifiques, sélectionnez-les aléatoirement, puis cliquez sur « ajouter une variation ». Ou bien, pour faire simple et court, cliquez sur « lier toutes les variations » et les valeurs apparaissent séparément avec leurs interfaces de paramétrage.

Entrez les données spécifiques à chaque valeur et cliquez sur « publier au catalogue ».

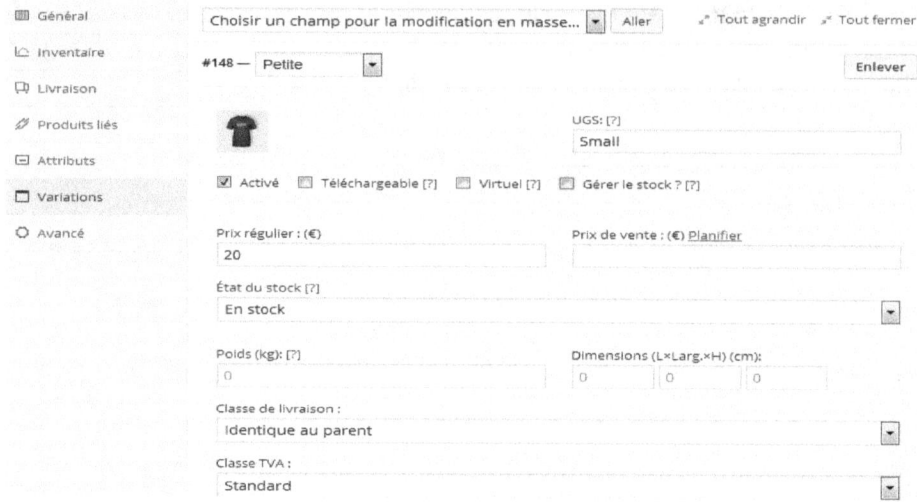

Paramètrage des valeurs d'attribut

Rendez-vous ensuite sur la page « Boutique » afin d'apercevoir votre produit nouvellement ajouté. Vous constaterez l'absence d'image pour le produit. Cependant, vous avez le choix entre l'ajouter, comme vous l'avez déjà fait pour le cas des produits simples, ou bien de l'ajouter à partir de l'interface de valeurs d'attribut, dans l'onglet « variation », en cliquant sur la petite fenêtre se trouvant à côté des options « activé », « téléchargeable », « virtuel », « gérer le stock ». Surtout quand il s'agit d'images différentes dans chaque valeur d'attribut, par exemple lorsqu'il s'agit de variation de couleurs.

Modification et suppression d'un produit

Maintenant, vous savez comment ajouter les différents types de produits. Cependant, il reste à savoir comment les modifier et les supprimer. Car à tout moment, d'une manière ou d'une autre, vous allez être amené à le faire.

Pour modifier ou supprimer un produit, c'est très simple. Dirigez-vous sur la page des produits (Produits→Produits). Sur cette page, vous avez la liste de tous les articles de votre boutique. Vous avez le choix : soit vous sélectionnez le produit concerné en cochant sa case (à sa gauche) ainsi que l'opération à faire sur la liste déroulante « actions groupées » (modifier ou déplacer dans la corbeille), soit vous cliquez sur un des liens (modifier ou corbeille) qui apparaîtront lors du survol du produit.

PARTIE IV

GESTION DE LA BOUTIQUE

Paramétrer les emails de la boutique

S'il vous est déjà arrivé d'effectuer un achat sur Internet, après avoir effectué une commande ou après avoir créé un nouveau compte sur un site marchand, vous remarquerez l'envoi des emails de notification, de confirmation, de suggestion, ou autres, dans votre boîte de messagerie, en provenance du site marchand.

Bien souvent, ces messages sont envoyés automatiquement par le site lui-même, sans intervention de la part de l'administrateur ou presque. Dans WooCommerce, ce système de gestion et d'envoi d'email figure, bien évidemment, avec des emails prêts à l'emploi. Il vous reste à choisir ou non l'activation de ce système.

L'activation effectuée, vous allez pouvoir activer et paramétrer certains emails. Vous procéderez également à la modification de leurs contenus (en-tête, sujet, contenu, signature, etc.).

Paramétrer le système d'email de la boutique

Avant d'activer une quelconque option d'email, il faut songer d'abord à paramétrer le système de celui-ci. Dans la pratique, pour faire cela, rendez-vous donc dans l'onglet « emails » de la page « paramètres » de WooCommerce (WooCommerce→paramètres). Dans cet onglet, vous trouvez tout au début le lien « option d'emails ». Dans ce lien, vous allez effectuer la saisie du nom de l'expéditeur, c'est-à-dire vous, ou un nom lié à l'administration de la boutique ; son adresse email, le choix de l'image d'en-tête, le texte de pied de page qu'il comportera ainsi que le choix des différentes couleurs (couleurs de base, couleur de fond, etc.).

Email de la nouvelle commande

Une fois cette option activée, un email de notification, informant de la réception de la commande, sera envoyé au client ainsi qu'à un ou plusieurs destinataires dont vous allez saisir les adresses dans le champ de texte « destinataire ».

Commande en cours

L'option commande en cours, quant à elle (toujours si elle est activée), enverra un email de notification au client afin de l'informer de la prise en charge de la commande qu'il vient d'effectuer sur votre boutique.

Commande terminée

Quant à cette option, elle se chargera d'informer les clients, par email, du bon déroulement du traitement de la commande ainsi que de son expédition, une fois que cette option aura été enclenchée sur les paramètres de la commande (voir ci-après le chapitre de la gestion des commandes).

Facture client

Sous ce lien, vous allez pouvoir modifier, si vous le souhaitez, le contenu de la facture que vous allez expédier à votre client (toujours dans la partie gestion de commande ; voir chapitre suivant).

Réinitialisation du mot de passe

L'option « réinitialisation du mot de passe » se chargera d'expédier aux clients déjà existants un email contenant les instructions à suivre pour la réinitialisation du mot de passe, à la demande de ces clients ou en cas de perte de leur mot de passe.

Nouveau compte

Pour terminer s'ouvre à nous l'option « nouveau compte », qui se chargera d'envoyer au nouveau client enregistré un email contenant un message de notification de bienvenue ainsi que ses coordonnées d'identification (nom d'utilisateur et mot de passe). Le client s'en servira pour se connecter sur « l'espace client » de la boutique.

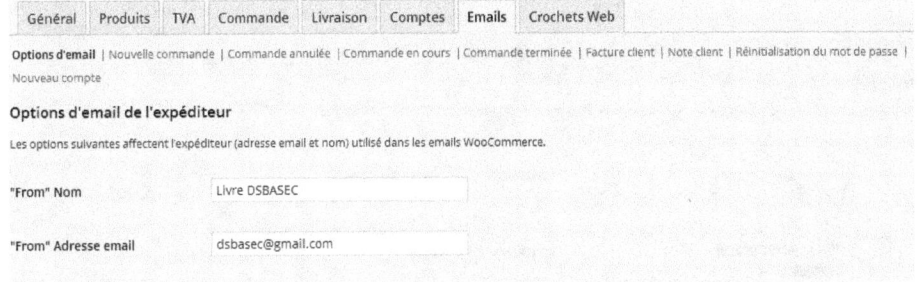

Espace de paramétrage des emails de la boutique

Comme nous l'avons vu un peu plus haut, ces emails sont préparés par WooCommerce. Vous avez la possibilité tout de même de les modifier, à condition d'avoir des connaissances en PHP.

Gestion des commandes et des ventes

Après qu'un client a passé une commande, celle-ci vient s'enregistrer dans la base de WooCommerce. Il vous est possible de l'apercevoir à partir du tableau de bord ou sur la page des commandes (WooCommerce→commande). Sur cette page, vous allez pouvoir apercevoir toutes les commandes effectuées ainsi que leurs détails. Donc, il ne vous reste qu'à les valider, les mettre en attente ou les annuler. Par la suite, vous devrez préparer les commandes, les faire suivre et les livrer. Autrement dit : les gérer.

Pour cela, deux options se présentent à vous :

- La première consiste à cliquer sur le numéro de commande en question, à partir duquel une page s'ouvrira avec, à l'intérieur, toutes les informations concernant la commande ainsi que les paramètres permettant sa gestion.
- La deuxième consiste à gérer les commandes directement à partir de cette même page (WooCommerce→commande), par le biais des petites icônes qui servent de raccourcis, présentes sur la colonne « action ».

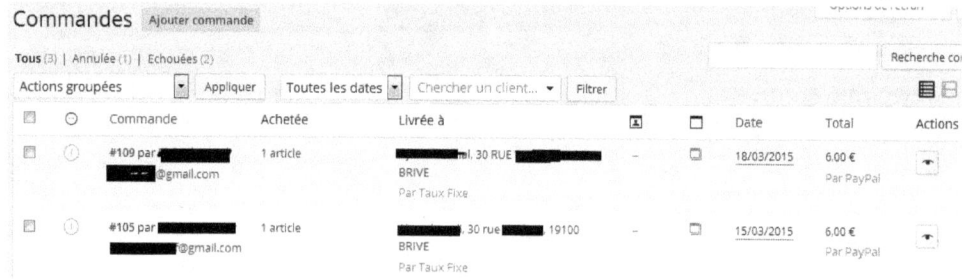

La page des commandes

La première des choses à faire, c'est de marquer son état de traitement. Cette opération s'effectue à partir de la liste déroulante du paramètre, « état de commande ». Sur cette liste, vous trouvez plusieurs options avec lesquelles vous allez pouvoir définir l'état de l'avancement de la commande. Par exemple, si la commande est en cours de traitement, vous allez sélectionner l'option en cours. Ainsi de suite…

En effectuant cette opération, vous allez pouvoir identifier facilement les commandes par le biais de leur état de traitement depuis la colonne de l'état de traitement sur la page des commandes et, ainsi, en informer le client au moyen des différents emails automatiques de WooCommerce. Nous avons vu précédemment comment on procède à leur configuration.

Pour une bonne gestion de votre commerce, il est d'une importance capitale de mener une analyse bien précise des commandes effectuées sur votre boutique. Cette analyse s'effectue sur la page des rapports de vente de WooCommerce (WooCommerce→rapports). À partir de celle-ci, vous allez obtenir les différents rapports au sujet des ventes effectuées sur la boutique, des clients ayant passé des commandes, de l'état de stock de vos produits, des différentes sortes de taxes, si vous en avez instauré plusieurs dans votre boutique. Vous aurez aussi la possibilité d'exporter tous ces rapports au format CSV afin de pouvoir les lire sur des logiciels de tableur.

Trouver de l'aide

Avant de clore ce chapitre, parlons d'un élément important au niveau de la conception des sites web : l'aide.

Étant donné que le recours à cette dernière est une étape quasi inévitable dans le domaine de la conception d'un site web (et, croyez-moi, même les connaisseurs les plus aguerris ont souvent eu recours à ce truc), autant savoir comment procéder à sa recherche bien avant d'en avoir besoin.

Il faut savoir que l'un des avantages de WordPress est de pouvoir trouver de l'aide au moment voulu, grâce à sa communauté très élargie et très active sur la toile. Ces aides s'obtiennent au niveau des cours et documents, sur les sites officiels de WordPress (www.wordpress.org, fr.wordpress.org, www.wordpress-fr.net) et ceux des extensions (plugin). Si vous n'obtenez pas des réponses satisfaisantes sur ces derniers, n'hésitez pas à poser la question sur les forums et les FAQs, car il s'agit certainement d'un problème que d'autres ont rencontré et résolu ; dans ce cas, ils sauront apporter la solution à vos questions.

Les sites ainsi que les blogs personnels ne sont pas en reste. Une multitude de sites et de blogs traitant de sujets relatifs à WordPress affluent sur le web (certains proposent même une assistance payante à moindre coût). N'hésitez pas à effectuer quelques recherches sur la toile, je vous garantis que vous finirez par trouver votre bonheur.

Gestion supplémentaire : la boutique

Ça y est, vous avez réussi à monter et paramétrer votre site de commerce électronique. Il reste maintenant quelques petits réglages à faire ainsi que sa gestion au quotidien. Car il ne suffit pas de créer une boutique, il faut aussi suivre son évolution, savoir la gérer jour après jour. Sinon tout le travail fourni jusque-là n'aura servi qu'à très peu de chose, voire à rien.

Pour cela, quelques règles de paramétrage ne doivent pas être négligées.

Classer les produits par catégories

Au même titre et avantage que les articles et les pages dans WordPress, les produits de la boutique peuvent également être classés par catégories. Ce classement a pour objectif de regrouper les produits de même catégorie sous un répertoire ou une page. Pour ajouter un produit à une catégorie, il faut d'abord procéder à la création de celle-ci. Ensuite, dans la page d'ajout de produit, au moment de la création ou de la modification de produit, sélectionnez le type de catégorie sur le module « catégorie », à droite de la page, en cochant sa case, puis enregistrez les modifications.

Revenons à la création d'une catégorie. Pour créer une catégorie, sur la barre du menu d'administration, cliquez sur produit→catégorie. Sur la page ouverte (page des catégories), saisissez le nom, l'identifiant et la description de la catégorie. Ensuite apparaît le paramètre « parent », qui consiste à placer la catégorie, celle que vous êtes en train de créer, en tant que sous-catégorie d'une catégorie déjà existante.

Maintenant, attribuez une vignette à votre catégorie, en cliquant sur le bouton « transférer/ajouter image » ; puis le type d'affichage, sur la liste déroulante du paramètre du même nom (si vous ne savez pas quoi faire, je vous conseille de conserver la valeur par défaut). Enfin, sauvegardez la catégorie en cliquant sur « ajouter une nouvelle catégorie de produit ».

Votre nouvelle catégorie vient d'être créée ; vous pouvez l'apercevoir à gauche de la même page. À tout moment, vous pouvez la modifier ou la supprimer, en procédant aux mêmes démarches que celles de la suppression d'un produit, d'une page ou article.

Catégories

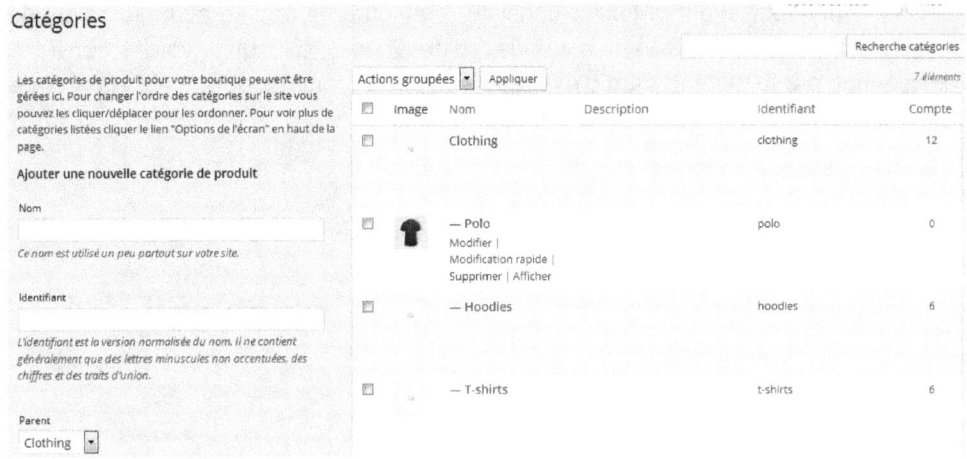

Les catégories de produit pour votre boutique peuvent être gérées ici. Pour changer l'ordre des catégories sur le site vous pouvez les cliquer/déplacer pour les ordonner. Pour voir plus de catégories listées cliquer le lien "Options de l'écran" en haut de la page.

Ajouter une nouvelle catégorie de produit

Nom

Ce nom est utilisé un peu partout sur votre site.

Identifiant

L'identifiant est la version normalisée du nom. Il ne contient généralement que des lettres minuscules non accentuées, des chiffres et des traits d'union.

Parent

Clothing

	image	Nom	Description	Identifiant	Compte
		Clothing		clothing	12
		— Polo Modifier | Modification rapide | Supprimer | Afficher		polo	0
		— Hoodies		hoodies	6
		— T-shirts		t-shirts	6

Actions groupées — Appliquer — 7 éléments

Recherche catégories

Catégories nouvellement créées

Créer des coupons de réduction

Afin de fidéliser votre clientèle ou bien d'en attirer davantage sur votre boutique, faire la promotion de certains de vos articles de temps à autre serait une aubaine. À cet effet et pour cette occasion, WooCommerce vous offre la possibilité de créer et de paramétrer facilement des codes promotionnels pour votre boutique.

Pour ce faire, commencez par activer cette option dans la catégorie « options de commande » sous l'onglet « Commande »; Réactualisez la page et dirigez-vous sur la page « codes promo » (WooCommerce→codes promo). Ensuite, cliquez sur « ajouter un code promo » en haut de la page. Sur la page ouverte, saisissez le nom de code sur les champs de texte « code promo » et la description (optionnelle).

Poursuivez l'opération en sélectionnant le type de remise sur la liste déroulante du paramètre du même nom, dans l'onglet « général » du module « données code promo ».

Sur cette liste, vous disposez de plusieurs options :

1- La remise du panier : qui consiste à effectuer une remise sur la totalité de votre commande.
2- Remise en pourcentage du panier : qui a pour tâche d'effectuer une remise sur toute la commande par rapport à un pourcentage donné.
3- Remise produit : qui consiste à effectuer une remise sur un ou plusieurs articles spécifiques.
4- Remise en pourcentage produit : qui consiste à effectuer la remise par rapport à une valeur de pourcentage sur un ou plusieurs produits.

Ensuite, sur le champ de saisie du « montant du code », saisissez la valeur du montant qui va s'appliquer sur la remise. Puis, cochez la case de l'option « permettre la livraison gratuite ».

L'option « appliquer avant la taxe » consiste à effectuer la remise avant le calcul de la taxe du panier. C'est à vous d'appliquer ce qui vous convient. Sélectionnez par la suite la date d'expiration du code promo, tout en bas. À partir de cette date, le code promotionnel ne sera pas utilisable.

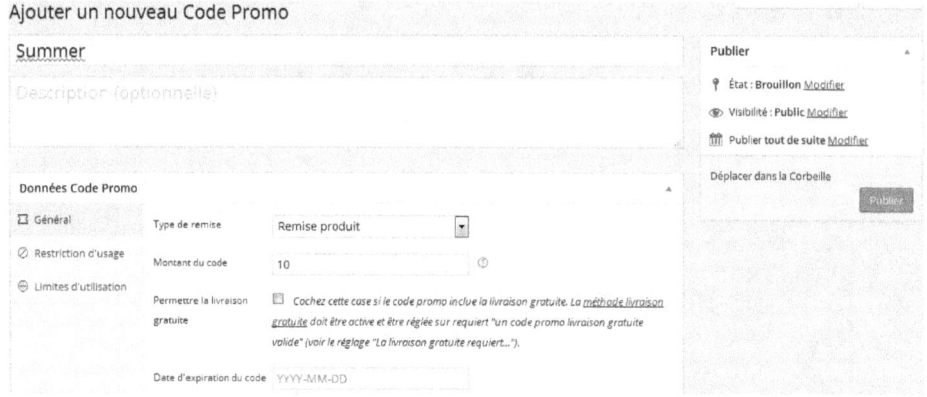

Page de création de code promo

Vous avez ensuite l'onglet « restriction d'usage », dans lequel se définissent les restrictions et les autorisations d'utilisation du code promotionnel par rapport aux produits et aux clients.

À commencer par définir des valeurs de dépense minimum, ou maximum, si vous désirez que l'autorisation de l'utilisation du code promotionnel nécessite une des valeurs de dépense précitées.

Définissez ensuite si ce code promotionnel peut être ou non utilisé conjointement avec d'autres codes promotionnels déjà existants. Et aussi s'il pourra être ou non appliqué aux produits en promotion. En cochant, bien évidemment, ou en décochant leurs cases.

Si vous souhaitez que certains produits, ou catégories, soient affectés par cette remise, saisissez leurs noms dans la zone de texte « Produits ».

Et si vous désirez exclure certains produits ou catégories de cette promotion, vous devez saisir leurs noms sur les champs de saisies. À savoir : le champ, « exclure les produits » et le champ, « exclure les catégories ».

Enfin, si vous désirez restreindre cette offre promotionnelle à certains clients, vous devez saisir leurs adresses e-mail dans le champ de saisie du même nom. Et pour terminer, dans l'onglet « limites d'utilisation », veillez à définir la limite d'utilisation du code promotionnel et la limite d'utilisation par personne.

Parmi les options intéressantes de WooCommerce figurent ces widgets appropriés. Ces derniers, inclus dans l'extension, permettent d'ajouter plusieurs informations et options supplémentaires, liées à la boutique, sur les espaces des widgets de votre site. Depuis la page des widgets, vous pouvez les apercevoir. Ceux-ci sont reconnaissables à leurs noms, qui sont soit précédés, soit suivis par le terme WooCommerce sur le titre, ainsi que par la description de l'utilité de chacun.

Pour vous servir d'un ou plusieurs de ces widgets, activez-les en les plaçant sur l'espace des widgets de votre site. Poursuivez les réglages des paramètres de ceux-ci.

Ici, par exemple, nous allons placer le widget servant à afficher le panier du visiteur sur l'espace des widgets.

Pour ce faire, ajoutez le widget qui porte le nom de « Panier WooCommerce », sur l'espace des widgets de la barre latérale (sidebar).

Une fois que vous l'avez placé dessus, vous avez la possibilité de renommer le titre ou de le laisser tel qu'il est et d'indiquer ou non si le panier est encore vide en cochant ou en décochant l'option qui lui est destinée.

Une fois l'opération terminée, enregistrez puis basculez sur le site afin d'en apercevoir les modifications.

TP: création et paramétrage d'un compte PayPal dans un site e-commerce avec WooCommerce

Au cours du chapitre sur la configuration de WooCommerce, nous avons découvert les différents moyens de paiement présents par défaut au sein de l'extension. Parmi eux, le paiement par PayPal. Seulement, nous l'avons évoqué vaguement. Et pourtant, il y a bien raison de prendre un instant là-dessus afin de découvrir, la manière de procéder pour créer le compte PayPal, l'intégrer par la suite sur la boutique comme moyen de paiement électronique.

Raison pour laquelle, ensemble sur ce TP, nous allons créer le compte PayPal de la boutique, ensuite l'insérer dans la boutique avec WooCommerce.

A cet effet au cours de ce TP, nous allons effectuer quatre opérations, qui sont:

- La création d'un compte professionnel chez PayPal
- Le paramétrage du mode paiement par PayPal dans WooCommerce
- La configuration de la redirection après le paiement
- Commander sur la boutique afin d'effectuer un test

La création d'un compte pro chez PayPal

Cette opération ressemble à celle de la création d'un simple compte e-mail, ou personnel sur internet. Néanmoins, prenez garde le temps de bien lire et prendre attention afin d'en être sure, de ne plus vous tromper sur une ou plusieurs étapes de la création de ce compte.

La première des choses à faire une fois sur le site officiel de PayPal (https://www.paypal.com/fr/signup/account), c'est de commencer par créer un compte. Choisissez l'option compte professionnel pour l'occasion, renseignez ensuite les informations demandées, et continuez l'opération. Choisissez par la suite, le type d'activité que vous allez exercer. Pour cette occasion, si vous n'êtes pas enregistré en tant que société, choisissez l'option « Personne physique ».

Choisissez la catégorie ainsi que la sous catégories professionnel, et poursuivez l'opération.

En fin saisissez votre date de naissance, et validez la création du compte.

Maintenant que le compte a été créé, il va falloir l'activer à partir de l'e-mail que PayPal vous aura envoyé pour l'occasion. Terminez l'opération en choisissant des « questions-réponses » auxquelles, elles vous seront demandées dans le cas où vous égarez le mot de passe de votre compte.

Le compte PayPal de la boutique vient d'être créé et prêt à l'emploi. Reste maintenant, à l'intégrer au sein de la boutique. Mais avant d'en arriver là, il faudra lier ce compte PayPal, avec un compte bancaire, afin de pouvoir transférer l'argent présent sur le premier vers le second.

Pour ce faire, munissez-vous d'un RIB, dirigez-vous sur votre compte et cliquez sur paramètre du compte. Sur la page ouverte, cliquez sur la catégorie « Mon argent ». Ensuite cliquer sur « lier un compte bancaire » puis sur la page ouverte, saisissez les coordonnées de votre compte et cliquez sur « enregistrer mon compte bancaire ».

Dans les quarante-huit heures qui suivent l'enregistrement d'un compte bancaire, PayPal effectue un virement sur votre compte afin de s'en assurer de la véracité de ce dernier. Une fois ce virement reçu vous allez être amené à confirmer votre compte, en communiquant le montant que PayPal aurait viré sur le compte.

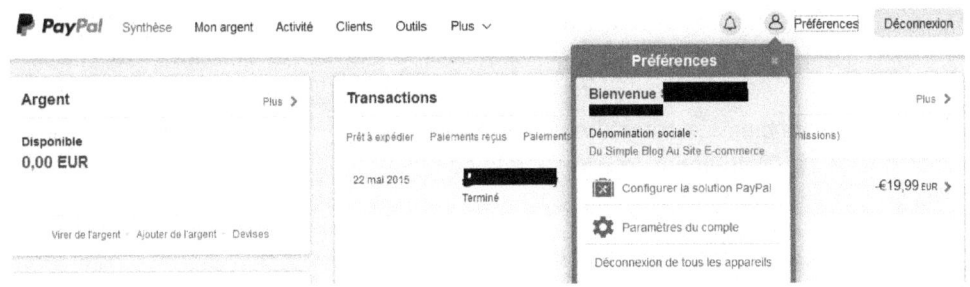

Menu d'un compte PayPal

Paramétrage du mode de paiement par PayPal avec WooCommerce

Maintenant que vous avez fini par créer un compte PayPal pour la boutique, passez au paramétrage de celui-ci sur WooCommerce, afin que les clients puissent régler leurs commandes à partir de PayPal ; par le biais de leurs comptes PayPal, s'ils en possèdent, ou bien, par le biais d'une carte de bancaire.

Pour ce faire, dirigez-vous sur l'espace de paramétrage de WooCommerce (WooCommerce→paramètres), cliquez sur l'onglet « commande », puis sur le lien PayPal. Sur le champ de saisie d'« e-mail PayPal », saisissez l'adresse e-mail PayPal ; celle avec laquelle vous avez créé le compte.
Ensuite, en bas de la catégorie des options avancés, sur cette même page, sur la liste déroulante du paramètre « action de paiement », choisissez l'option « capturer », si vous souhaitez que l'argent du paiement soit prélever immédiatement sur le compte de l'acheteur; ou bien choisissez l'option « autoriser », si vous

souhaitez seulement autoriser le paiement et effectuer le prélèvement des fonds par la suite, à partir du compte PayPal.

Configuration du mode de paiement par PayPal sur WooCommerce

Configuration de la redirection sur PayPal

Jusqu'ici, tout va bien. Le compte a été créé avec succès, il vient d'être intégré dans WooCommerce. Maintenant, la vente sur la boutique par le biais de PayPal, est tout à fait possible.

Cependant, étant donné que le paiement s'effectue sur le site de PayPal, ce dernier a mis à disposition une option de paramétrage à partir de laquelle une adresse va être saisie ; celle qui va permettre au client d'être rediriger à nouveau sur la boutique.

A cet effet, WooCommerce, a mis elle aussi à disposition, une adresse qui permettra au client de se trouver devant les détails de sa commande, une fois redirigé sur le site.

L'adresse est la suivante: http://nomdedomaine.com/checkout/order-received/ (n'oubliez pas de remplacer « nomdedomaine.com » par le nom de domaine de la boutique).

Pour insérer l'adresse de redirection sur PayPal, dirigez-vous sur la page des préférences du compte (menu→Paramètres du compte). Sur la page ouverte, sur la colonne latérale, cliquez sur le lien « préférences de réception de paiements sur le site », à sa droite, cliquez sur le lien « mettre à jour ».

Renvoi automatique pour les paiements sur site marchand

Le renvoi automatique pour les paiements sur site marchand redirige les acheteurs vers votre site dès que le paiement est terminé. Le renvoi automatique s'applique aux paiements sur le site PayPal, y compris par le biais des boutons Acheter, Don, Souscrire et Panier. En savoir plus

Renvoi automatique :   ◉ Activé
                         ○ Désactivé

URL de renvoi : Entrez l'URL qui servira à rediriger vos acheteurs une fois le paiement terminé. Cette URL doit remplir les conditions ci-dessous. En savoir plus

URL de renvoi :   `http://dsbasec.com/checkout/order-received`

Chemin vers la page du paramètrage de la redirection

Vous voilà arrivé sur la page en question. Commencez donc par activer l'option « Renvoi automatique ». Ensuite, juste en dessous, saisissez l'adresse de redirection sur le champ de saisie « URL d'envoi ». Enfin, enregistrez les opérations qui viennent d'être effectué, en cliquant sur le bouton enregistrer tout en bas, et vous aurez terminé.

Passer une commande sur la boutique

Nous avons créé le compte PayPal, nous l'avons intégré dans la boutique avec WooCommerce, d'une manière à ce que le client règle ses commandes à partir de notre compte PayPal par le biais de son compte PayPal (s'il en possède un), ou bien par le biais de sa carte bancaire.
Jusque-là, tout va dans l'ordre.
Et bien il est temps maintenant, de se mettre à la peau d'un client et d'effectuer une commande sur la boutique, afin de tester le bon fonctionnement du travail fourni jusqu'ici.
En effet, cette opération, nous permettra non seulement d'effectuer un test de notre travail, mais aussi de vérifier la présence de la moindre anomalie qui peut être présent au sein de la boutique, ainsi donc, pouvoir les corriger, effectuer les toutes dernières réglages, avant de rendre le site opérationnel.

Pour ce faire, déconnectez-vous sur l'espace d'administration de WordPress, ou bien lancer un autre navigateur, ensuite rendez-vous sur votre boutique en ligne.
A cet effet, ajoutez un produit quelconque au panier, puis, validez la commande.
Dirigez-vous donc sur le panier de la boutique, afin de passer à la caisse, et régler la commande. Comme sur tous les sites e-commerce, une fois la commande confirmer, vous allez être redirigé vers une page dans laquelle, vous allez enregistrer vos coordonnées, ainsi qu'à l'adresse de livraison, et celle de la facturation si celle-ci est différente à celle de la livraison.

Une fois sur cette page, remplissez les champs obligatoires, ensuite validez les conditions générales de vente, puis cliquez sur « Payer avec PayPal ».
Après cette opération, vous serez dirigé sur la page de paiement de PayPal, sur

laquelle l'opération de paiement sera effectuée. Au même moment, un e-mail vous sera envoyé automatiquement, vous confirmant la création de votre compte (souvenez-vous du paramétrage des e-mails de WooCommerce).

Une fois sur la page de paiement de PayPal, deux possibilités s'offrent à vous, pour effectuer le paiement de la commande:

- soit en payant avec un compte PayPal, si vous possédez un ; dans ce cas-là, cliquez sur « payer avec mon compte PayPal », ensuite, connectez-vous sur votre compte afin d'effectuer le paiement.
- ou bien, en effectuant le paiement, par votre carte bancaire. Pour ce faire, sur cette même page, sélectionnez votre carte bancaire, parmi les modèles présents sur la liste. Saisissez vos coordonnés et un mot de passe puis, cliquez sur continuer. Une page vous permettant de confirmer l'opération s'ouvre, confirmez pour continuer en cliquant sur « Payer ».
  Une redirection automatique s'effectue après la validation du paiement. Celle-ci vous dirige en tant que client, vers la boutique, sur une page confirmant la validation de la commande, ainsi que les détails de celle-ci.

En tant que client, vous recevrez plusieurs e-mails de notifications et de confirmations du paiement de la commande, en provenance de la boutique et de PayPal.
Au même moment, l'administrateur de la boutique, recevra des emails notifiant les opérations effectué par un client sur la boutique, en provenance aussi, de PayPal et de la boutique (WooCommerce).

Vous savez maintenant ce qui vous reste à faire, en tant qu'administrateur de la boutique. En effet, c'est de vous rendre sur la page des gestions des commandes de l'espace d'administration de la boutique (WooCommerce→commandes), pour procéder au traitement de la commande reçu.

Du Simple Blog Au Site E-commerce

Page de paiement de PayPal

Normalement, si vous avez bien suivi les étapes permettant à l'élaboration de cet exercice, vous ne devez pas rencontrer aucun souci à la réaliser.

Néanmoins, si vous rencontrez la moindre difficulté, n'hésitez pas à relire la partie concernée, ou bien, de contacter PayPal, si l'anomalie provient de chez eux.

Avant de terminer, une dernière chose importante à savoir, c'est que PayPal taxe des frais de transaction sur chaque paiement reçu.

Pour en savoir un peu plus sur les frais de transaction de PayPal, rendez-vous sur la page suivante:

https://www.paypal.com/fr/cgi-bin/?cmd=_fees-rate-about-outside

Paiements reçus pour des achats (par mois)	Frais par transaction
€0,00 EUR - €2 500,00 EUR	3,4% + €0,25 EUR
€2 500,01 EUR - €10 000,00 EUR	2,0% + €0,25 EUR
€10 000,01 EUR - €50 000,00 EUR	1,8% + €0,25 EUR
€50 000,01 EUR - €100 000,00 EUR	1,6% + €0,25 EUR
> €100 000,00 EUR	1,4% + €0,25 EUR

Grille des tarifs des frais de transaction

Récapitulatif

Au cours de ce TP dédié à la création et à paramétrage d'un compte PayPal au sein d'une boutique électronique par le biais de l'extension WooCommerce, nous avons:

- créé un compte professionnel chez PayPal
- lié ce compte avec un compte physique
- paramétré le mode paiement par PayPal sur WooCommerce
- configuré la redirection du client après le paiement

Partie V

Conception et développement d'un thème WordPress

Organigramme et fonctionnement d'un thème

Au cours de la première partie de cet ouvrage, nous avons pu découvrir ensemble, ce qu'est un thème, comment le procurer et l'installer.

Au cours de cette partie, nous allons pouvoir découvrir comment est constitué un thème et comment fonctionne-t-il. Par la suite nous allons pas à pas apprendre à créer notre propre thème.

Mais avant d'en arriver jusque-là, découvrons ensemble comment est-il composé et comment, fonctionne-t-il. Cette opération va nous permettre de ne plus avoir aucun mystère sur les thèmes WordPress, ainsi donc nous permettre par la suite mettre le pied à l'étrier sur sa conception et son développement. A partir de ce moment-là, nous allons pouvoir, à partir des pages vides, monter sur pied, notre premier thème.

Structure d'un thème WordPress

Toujours au cours de la première partie de l'ouvrage, nous avons découvert ensemble qu'un thème WordPress, est une combinaison de fichier et script web qui permettent de constituer le design, l'ergonomie web et les fonctionnalités d'un site web WordPress.

Ici nous allons découvrir en détails tous les éléments nécessaires, qui constituent un thème WordPress.

Tout d'abord, il faut savoir qu'un thème de WordPress ne peut être valide, qu'à partir du moment où, il possède les deux fichiers de base d'un thème WordPress.
C'est deux fichiers sont: « style.css » et « index.php ».

Le premier sert à faire savoir à WordPress que c'est un thème en lui transmettant, les informations nécessaires, qu'un thème doit avoir pour être valide ; il sert aussi à fournir le design et la mise en forme du thème.
Quant au second, il sert à afficher le contenu du site. C'est par la présence de ces deux fichiers qu'un thème est reconnu par WordPress.

En plus de ces deux fichiers, WordPress possède plusieurs fichiers modèles pour un thème ; classés en hiérarchie ils permettent de bien structurer et organiser les scripts de chaque fichier afin de bien interpréter chaque contenu du blog. S'ajoute à cela l'opportunité offerte au développeur, de pouvoir exploiter ces fichiers modèles afin qu'ils puissent de répondre à leurs objectifs.
Cette stratégie de flexibilité de part et d'autre mise en place par WordPress, ne s'arrête pas là, puisque le développeur a la possibilité d'ajouter en plus des fichiers et scripts de WordPress, ces propres fichiers de modèle.

Vous remarquerez d'ailleurs dans plusieurs thèmes, la présence de plusieurs fichiers CSS, JavaScript, PHP etc., en plus des fichiers modèles et scripts basic qui composent un thème WordPress.

Les fichiers modèles d'un thème WordPress

Avant de découvrir le fonctionnement d'un thème WordPress, allons-y d'abord découvrir les différents fichiers qui le composent, pour avoir un aperçu sur ce qui nous attend tout au long de cette partie.

Cependant les fichiers du thème avec lequel nous allons travailler, sont les fichiers basiques d'un thème WordPress. Néanmoins, ils existent plusieurs fichiers avec chacun, sa spécificité bien déterminée. Pour plus amples informations sur les différents fichiers que peut contenir un thème, je vous invite à vous rendre sur la page de la hiérarchie des fichiers modèles, du site du codex de WordPress, à l'adresse suivante: https://developer.wordpress.org/themes/basics/template-hierarchy/ .

Sans plus attendre, voici donc la liste des fichiers modèles (appelé, templates files, en anglais) basiques, qui composent un thème WordPress, ainsi que leurs différents rôles.

style.css: ce fichier dont la présence est obligatoire, permet de faire savoir à WordPress que c'est un thème, ainsi que les informations de ce dernier. Il sert aussi à structurer le design du thème.

index.php: ce fichier qui doit impérativement être aussi présent parmi les fichiers du thème, permet d'afficher la page initial du site en incluant les fichiers modèles contenant les autres parties du site (l'entête, la barre latérale, le pied de page du thème) ; mais aussi la boucle de WordPress (appelé loop en anglais), ce bout de code qui permet d'interpréter le contenu du site.

single.php: ce modèle de fichier sert à afficher les articles seuls.

page.php: celui-ci sert à afficher les pages statiques du site.

header.php: contient les éléments de l'entête du site qui seront inclus et afficher sur toutes les pages du thème.

sidebar.php: contient les éléments de la barre latérale qui comme le fichier header.php, sera inclus au sein des différentes pages du thème.

footer.php: contient les éléments du pied de page du thème, il est aussi inclus dans les pages de ce dernier.

category.php: permet d'afficher les articles d'une catégorie.

archives.php: permet d'afficher les articles publiés à une date connue.

search.php: permet d'afficher les résultats d'une recherche.

404.php: sert à afficher une page d'erreur.

tag.php: au même titre que category.php, permet d'afficher les articles liés à une étiquette.

author.php: sert à afficher l'identité de l'auteur d'un article.

Fonctionnement d'un thème

Un thème WordPress fonctionne d'une manière hiérarchique. Cela signifie que chaque fichiers du thème est appelé à afficher ce qui lui est spécifique. Par exemple, pour afficher un article seul, c'est le fichier single.php qui sera devra le faire.

Techniquement, comment cela se déroule ?

- Premièrement comme dans la plupart des programmes informatiques, afin d'éviter une répétition de ligne de code, on partage le code et on le place dans un fichier, avec une spécificité précise. Par la suite on le fait appeler en l'incluant dans un autre fichier. Et c'est de cette manière que fonctionne un thème WordPress. Le fichier initial du thème (index.php), fait appel aux trois fichiers qui permettent de constituer une page complète, qui sont les fichiers « header.php », « sidebar.php », « footer.php », en les incluant au sein de son script afin d'afficher les autres parties de la page qui vont constituer la page complète que l'on peut avoir comme accueil.
- Deuxièmement, après que les autres parties de la page soient incluses au sein d'index.php, celui-ci lance la boucle, qui sert à aller vérifier sur la base de WordPress la présence des articles, ensuite les afficher.

```
1   <?php get_header(); ?><!-- Inclusion de l'entête -->
2   <div id="content">
3       <div id="main"><!-- Début de la boucle et affichage des articles -->
4       <?php if ( have_posts() ) : ?>
5       <?php while ( have_posts() ) : the_post(); ?>
6          <h2><a href="<?php the_permalink(); ?>" ><?php the_title(); ?></a></h2>
7           <?php the_post_thumbnail('thumbnail'); ?>
8           <?php the_content(); ?>
9       <?php endwhile; ?>
10      <?php endif; ?>
11      </div>
12  <?php get_sidebar(); ?><!-- Inclusion de la barre latérale -->
13  <?php get_footer(); ?><!-- Inclusion du pied de page -->
```

Inclusion des fichiers « header.php », « sidebar.php », « footer.php » au sein du fichier « index.php »

Comment fonctionne la boucle de WordPress (loop) ?

Techniquement la boucle de WordPress, est une portion de code PHP, qui permet d'aller vérifier la présence du contenu dans la base de WordPress, déterminer la page sur laquelle il doit afficher ce contenu, ensuite l'affiché.
Par exemple, sur la page « index.php », la boucle affichera les articles postés sur le

blog. Jusque-là rien de magie. Mais lorsque le visiteur demandera à ce qu'on lui affiche, les articles d'une telle catégorie, d'une telle étiquette, ou bien d'un article seul, la boucle ne lui affichera que les articles liés à l'étiquette, à la catégorie demandé, ou l'article seulement. Et c'est là que sort la magie de la boucle de WordPress (loop).

La boucle de WordPress:

```php
<?php if ( have_posts() ) : ?>

<?php while ( have_posts() ) : the_post(); ?>

<?php endwhile; ?>

<?php endif; ?>
```

Ce bout de code veut dire que s'il y des postes (la première ligne qui est une condition PHP: « if (have_posts()) »), et tant qu'il y'aura des postes (la boucle sur la deuxième ligne : « while (have_posts()) ») afficher les postes. Avant la fin de la boucle (<?php endwhile; ?>), insérer les marqueurs de modèle qui vont servir à afficher le contenu du résultat obtenu; c'est-à-dire le titre, le contenu de l'article, les étiquettes, les commentaires de l'article pour les articles seuls, le contenu d'une page statique, etc.

Fonctionnement de la hiérarchie au sein d'un thème WordPress

Nous l'avons évoqué précédemment qu'un thème WordPress, fonctionne d'une manière hiérarchique. C'est-à-dire que les éléments postés sur le site seront traités hiérarchiquement, au sein du thème.

Concrètement, qu'est-ce que cela signifie ?
Cela signifie que si le visiteur demande à ce qu'on lui affiche un contenu quelconque du site, celui-ci va être demandé au fichier qui traite ce genre contenu. Et si le fichier qui traite ce genre de contenu, est introuvable, le visiteur sera redirigé vers un autre fichier qui peut traiter l'information ; et si l'autre fichier est introuvable, l'utilisateur va être redirigé vers la page initial du site qui est sensé à afficher les articles du site.

Techniquement, cela signifie que si par exemple, le visiteur demande à ce qu'on lui affiche un article seul, c'est le fichier single.php qui effectuera l'opération, et si ce dernier est absent, ce sera le fichier « index.php », qui sera sollicité, étant donné que lui doit être présent.
Encore un autre exemple: lorsque le visiteur, demande à ce qu'on lui affiche une page statique, ce sera le fichier « page.php » qui sera sollicité pour l'afficher; et si il est absent, ça sera encore le fichier « index.php » qui prendra le relai, ainsi de suite.

Tous les éléments qui seront demandé par le visiteur à être traité au sein du thème, le travail sera traité d'une manière hiérarchique. Et si les fichiers qui doivent traiter le travail sont introuvables, le visiteur sera dirigé vers le fichier « index.php » que lui doit obligatoirement être présent. Et c'est de cette manière que fonctionne un thème WordPress. L'image suivante, illustre bien ce que nous venons de découvrir au niveau de la hiérarchie d'un thème WordPress.

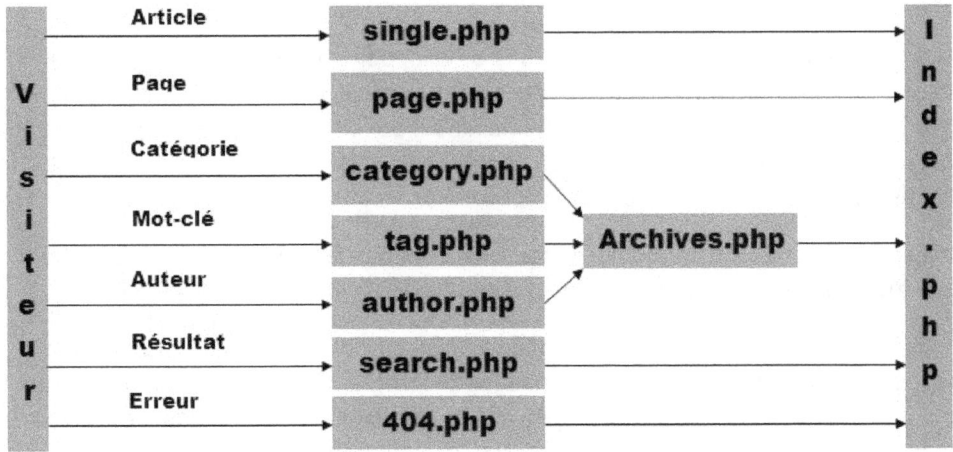

illustration de la hiérarchie d'un thème WordPress

Sachez tout de même, que cette image illustre la hiérarchie des fichiers basiques avec lesquels nous allons travailler pour développer notre thème. Comme je vous l'ai fait savoir, ces fichiers suffisent amplement pour créer un thème WordPress complet. Cependant, pour une illustration bien détaillé contenant tous les fichiers que peut contenir un thème WordPress, rendez-vous sur la page de codex de WordPress traitant sur le sujet, « codex.wordpress.org/template_hierarchy »; qui par l'occasion, regorge une multitude d'informations sur tous les fichiers de la hiérarchie d'un thème WordPress.

Découvert d'un thème WordPress

Avant de mettre les mains à la pâte sur le développement d'un thème, il est primordial en soi, de bien connaitre l'architecture, la structure, et le fonctionnement des fichiers modèles de WordPress (templates files). Mais surtout, savoir où trouver de l'aide en cas de besoin. Pour cette dernière, vous avez la boite à outil de WordPress, qui n'est d'autre que son codex.

Les fichiers modèles d'un thème WordPress, sont des fichiers PHP, constitués par les langages de développement web qui sont: le PHP, le HTML et le CSS.

Vous avez bien compris par-là, que pour pouvoir créer un thème WordPress, il faut avoir une base solide sur ces trois langages de programmation. Ou du moins, avoir une bonne base sur le HTML et le CSS (deux langages qui vont ensemble d'ailleurs), et quelque notion en PHP. Néanmoins, si vous souhaitez développer des thèmes plus évolués, voir des extensions de WordPress, il faut absolument maitriser aussi le PHP.

Les marqueurs de modèles

Les marqueurs de modèle (ou templates tags, en anglais), sont des fonctions PHP (tien en parlant de la bête....) propres à WordPress, qui permettent d'exécuter des opérations bien précises (insérer des fonctionnalités sur une page, afficher du contenu, inclure un fichier sur une page, etc.). C'est le cas par exemple du marqueur de modèle qui permet d'inclure le fichier « header.php » au sein d'une page afin d'afficher la partie entête du site qui est le marqueur: « get_header() » ; celui de la barre lattérale: « get_sidebar() » ; celui du pied de page: « get_fotter() »; ou celui permettant d'inclure le modèle de fichier pour le système des commentaires, qui est le marqueur de modèle « comments_templates() », etc.

Cependant, nombreux sont ces marqueurs de modèle au sein de WordPress, seulement ici nous allons listés quelques-uns, ceux, correspondant aux fichiers basiques, que nous venons de listés ci-avant, et avec lesquels, nous aurons à nous servir tout au long de la création de notre thème.

Ces marqueurs de modèle sont:

get_header(): ce marqueur de modèle permet d'inclure le fichier header.php dans une page, afin d'afficher l'entête du site.

get_sidebar(): celui-ci, permet d'inclure le fichier « sidebar.php » dans une page, afin d'afficher la barre latérale du site, s'il y en a.

get_footer(): permet d'insérer pied de page au sein de la page, c'est-à-dire le fichier « footer.php ».

comments_template(): permet d'inclure le système des commentaires par le biais du fichier modèle des commentaires « comments.php », qui se trouve déjà à la racine de WordPress, parmi les autres fichiers de celui-ci.

get_search_form(): permet d'inclure le formulaire de recherche de WordPress dans une page.

bloginfo(): permet d'afficher des informations du blog en rapport au paramètre qui lui est attribué (titre, description, adresse, etc.).

the_category(): permet d'afficher la ou les catégories d'un article.

the_tags(): permet d'afficher les étiquettes liées à un article.

wp_nav_menu(): permet d'insérer le menu de navigation sur une page, s'il y en a.

the_author(): sert à afficher l'identité de l'auteur.

the_title(): sert à afficher le titre d'un article ou d'une page.

the_content(): sert à afficher le contenu d'un article ou d'une page.

the_permalink(): permet d'insérer un lien d'un article, d'une page, d'une catégorie, etc.

the_date(): sert à afficher la date à laquelle l'article a été publié.

previous_post_link(): permet d'insérer un lien de pagination vers l'article précédent.

next_post_link(): permet d'insérer un lien de pagination vers l'article suivant.

the_post_thumbnail(): permet d'afficher l'image à la une, liée à un article.

Notez que les marqueurs de modèle de WordPress, sont si nombreux. Ce qui fait que nous ne pouvons pas tous les lister ici, cependant, comme j'ai tenu à le rappeler, vous pouvez les découvrir dans leurs totalités, ainsi que leurs fonctionnalités sur la page dédiée, du codex de WordPress, à cette adresse: https://codex.wordpress.org/Template_Tags.

A noter aussi que certains de ces marqueurs de modèle, comme pour certaines fonctions PHP, prennent de paramètres, afin de pouvoir fournir des résultats précis. Comme c'est le cas par exemple du marqueur de modèle « bloginfo() », qui peut prendre plusieurs paramètres, pour afficher le nom du site, la description, l'inclusion de la feuille de style, etc.

Nous venons de découvrir, de quoi et comment sont constitués les fichiers modèles d'un thème, ainsi que les marqueurs de modèle ; passons maintenant à la découverte de la structure interne de ces fichiers modèles, c'est-à-dire comment sont organisés les scripts des différents fichiers modèles qui constituent un thème.

style.css: ce fichier, dont la reconnaissance du thème en tant que tel auprès de WordPress et son design en dépendent, est constitué en tout premier lieu par des informations placées entre des lignes de commentaire (/* lignes de commentaire */). Ces informations sont en quelques sortes des paramètres appartenant à des attributs bien précis, dont certains parmi elle doivent être présent à la création d'un thème.

Ces informations sont:

- le nom du thème, précédé par l'attribut « Theme Name », ainsi que deux points ; d'ailleurs tous ses attributs sont suivis par deux points dont il ne doit pas y avoir un espace entre l'attribut et les deux points.
- l'adresse internet du thème, précédée par l'attribut « Theme URI ».
- la version du thème précédée par l'attribut « Version ».
- la description du thème précédée par l'attribut « Description ».
- le nom de l'auteur du thème précédée par l'attribut « Author ».
- l'adresse de l'auteur du thème précédée par l'attribut « Author URI ».
- la licence du thème, précédée par l'attribut « License ».
- l'adresse de la licence du thème précédée par l'attribut « License URI ».
- les mots clés que peut contenir le thème afin de bien le définir, précédés par l'attribut « Tags ».
- le domaine de texte du thème en cas de distribution de celui-ci au niveau international, précédée par l'attribut « Text Domain ».

```
/*
Theme Name: Twenty Fifteen
Theme URI: https://wordpress.org/themes/twentyfifteen/
Author: the WordPress team
Author URI: https://wordpress.org/
Description: Our 2015 default theme is clean, blog-focused, and designed for clarity. Twenty Fifteen's
Version: 1.2
License: GNU General Public License v2 or later
License URI: http://www.gnu.org/licenses/gpl-2.0.html
Tags: black, blue, gray, pink, purple, white, yellow, dark, light, two-columns, left-sidebar, fixed-layout
Text Domain: twentyfifteen

This theme, like WordPress, is licensed under the GPL.
Use it to make something cool, have fun, and share what you've learned with others.
*/
```

Illustration des informations contenues dans le fichier style.css du thème Twenty Fifteen

Notez bien que seuls les paramètres suivants : nom du thème, son adresse, sa description, ainsi que le nom de l'auteur et son adresse, doivent obligatoirement être présents ; les paramètres restants sont quant à eux, optionnels.

Par la suite, après ses lignes de commentaires qui contiennent les informations du thème, viendront s'ajouter les lignes de code qui constitueront la mise en forme des éléments du thème, auquel, nous aurons l'occasion de découvrir tout cela prochainement.

Index.php: ce fichier en plus de contenir les marqueurs de modèle qui permettent d'inclure les autres parties de la page, à savoir les fichiers « header.php », « sidebar.php », ainsi que « footer.php », contient aussi la boucle de WordPress. S'ajoute à ceux-là le code HTML qui sert à afficher le résultat de la boucle, c'est-à-dire les articles du site. Etant donné que chaque article doit avoir un lien qui permettra aux visiteurs de l'ouvrir dans la page qui sert à afficher les articles seuls, le titre de chaque article, doit d'être un lien, menant ainsi vers la page des articles seuls.

Le code:

```php
<?php get_header(); ?><!-- Inclusion de l'entête -->

<div id="content">

        <div id="main"><!-- Début de la boucle et affichage des articles -->

        <?php if ( have_posts() ) : ?>

        <?php while ( have_posts() ) : the_post(); ?>

                <h2><a href="<?php the_permalink(); ?>" ><?php the_title(); ?></a></h2>

                <?php the_content(); ?>

        <?php endwhile; ?>

        <?php endif; ?>

        </div>

<?php get_sidebar(); ?><!-- Inclusion de la barre latérale -->

<?php get_footer(); ?><!-- Inclusion du pied de page -->
```

Celui-ci est composé en premier par le marqueur de modèle qui sert à inclure le fichier « header.php » (l'entête du site) dans la page, suivi par la boucle de WordPress ; suivi elle aussi par les blocs de code qui servent à afficher les titres ainsi que le contenu des articles. Viennent à la fin s'ajouter les marqueurs de modèle qui servent à inclure la barre latérale et le pied de la page du site au sein du fichier.

Comme vous pouvez le constater, j'ai fait en sorte de commenter le code afin que tout le monde puisse identifier rapidement chaque éléments. D'ailleurs ça sera pareil pour tout le reste des fichiers modèles.

header.php: ce fichier qui contient les éléments de l'entête du thème et dont le codage des pages complets du thème débute ici, il contient tous ce que doit contenir la partie de l'entête d'un site web basic. C'est-à-dire du début du code HTML du thème jusqu'à la fermeture de la balise « header ».

Ici sur notre exemple, nous avons pris le minimum de ce que peut contenir l'entête d'un site web.

Le code:

```
<!DOCTYPE html>

<html <?php language_attributes(); ?>> <!-- Attribut de la langue -->

<head>

        <meta charset="<?php bloginfo( 'charset' ); ?>"> <!-- Encodage des pages -->

        <title><?php wp_title('|', true, 'right'); ?></title> <!-- Titre du site -->

        <link rel="stylesheet" href="<?php bloginfo('stylesheet_url'); ?>" type="text/css" /> <!-- Le fichier style.css -->

        <?php wp_head(); ?> <!-- Certains éléments pour l'entête -->

</head>

<body <?php body_class(); ?>>

<div id ="page"> <!-- début de la page -->

    <div id="header"> <!-- début de l'affichage du contenu de l'entête -->

            <h1class="titre-entete"><a href="<?php bloginfo('url'); ?>"><?php bloginfo('name');?></a></h1> <!-- Le titre -->

    <div class="description-entete">

    <?php bloginfo ('description');?> <!-- la description -->

    </div>

    </div>
```

Vous avez remarqué que, ça ressemble au script d'un site basic, à l'exception près, de la présence de quelques marqueurs de modèle qui servent entre autres à insérer le titre du site, le codage du fichier, l'inclusion de la feuille de style et certains informations de l'entête.

sidebar.php: ce fichier contient les éléments de la barre latérale ainsi que la fermeture de la balise « content ». De ce fait il va contenir le marqueur de modèle qui permet d'afficher les Widgets.

Le code:

```
<div id="aside">

        <?php dynamic_sidebar(); ?>

</div>

</div><!--fermeture de la balise content -->
```

footer.php: ce fichier contient les éléments du pied de page du site, peut aussi afficher des Widgets. Viendront s'ajouter les balises qui ferment la balise « page », ainsi que celui qui ferme le corps du site (body). Il contient aussi un marqueur de modèle « wp_footer() », qui permet d'insérer certains éléments de WordPress, comme c'est le cas par exemple de l'affichage de la barre de menu d'administration, lorsque l'administrateur est connecté sur le site.

Le code:

```
<div id="footer">
        <p>Contenu pour le pied de page</p>
</div>
</div> <!-- Fin de la balise "page" -->
<?php wp_footer(); ?>
</body>> <!-- fermeture de la balise "body" -->
```

single.php: ce fichier auquel, les articles seuls vont être affichés, en plus des marqueurs de modèle qui servent à inclure les autres parties de la page, reprend aussi la boucle, qui va permettre d'aller vérifier auprès de la base de WordPress la présence d'un contenu, ensuite afficher le résultat, qui sera ici donc un article. S'ajoutent à cela les différents marqueurs de modèle qui servent à afficher le nom de l'auteur de l'article, la date à laquelle il a été publié, la catégorie, les mots clés, les liens de pagination pour les articles qui suivent et qui précédent, ainsi que celui qui permet d'insérer les commentaires.

Le code:

```
<?php get_header(); ?>

<div id="content">

        <div id="main">
```

```php
<?php if ( have_posts() ) : ?>

<?php while ( have_posts() ) : the_post(); ?>

    <h2><?php the_title(); ?></h2>

    <h4>Posté le: <?php the_date(); ?> dans <a href="<?php
the_permalink(); ?>" ><?php the_category(', '); ?></a> par: <?php
the_author_posts_link(); ?></h4>

    <?php the_post_thumbnail('thumbnail'); ?>

    <?php the_content(); ?>

    <p class="mots-cles"><?php the_tags(); ?></p>

    <div class="precedent"><?php previous_post_link(); ?></div>

    <div class="suivant"><?php next_post_link(); ?></div>

<div id="commentaire">

<?php comments_template(); ?> <!-- insertion du système des
commentaires -->

</div>

<?php endwhile; ?>

<?php endif; ?>

</div>
<?php get_sidebar(); ?>

<?php get_footer(); ?>
```

page.php: ce fichier qui va afficher les pages statiques, son contenu, ressemble beaucoup à celui du fichier « single.php », mais cette fois-ci sans les marqueurs de modèle qui servent à afficher la date de la publication, le nom de l'auteur, les mots clés, ainsi de suite. Seulement le titre et le contenu de la page. Il y' aura donc comme toujours, les marqueurs de modèle qui servent à afficher les autres parties de la page (entête, barre latérale, pied de page), la boucle qui va servir à questionner la base de WordPress de la présence du contenu pour la page, et afficher le résultat par la suite.

Le code:

```php
<?php get_header(); ?>
```

```php
<div id="content">

    <div id="main">

    <?php if ( have_posts() ) : ?>

    <?php while ( have_posts() ) : the_post(); ?>

        <h2><?php the_title(); ?></h2>

        <?php the_content(); ?>

    <?php endwhile; ?>

    <?php endif; ?>

    </div>

<?php get_sidebar(); ?>

<?php get_footer(); ?>
```

category.php: ce fichier qui affiche les articles appartenant à une catégorie, contient bien évidemment le titre de celui-ci, ensuite la boucle qui va servir à afficher les articles de la catégorie, ainsi que la date à laquelle ils ont été publiés.
En pratique, cela signifie que si le visiteur clique sur une catégorie, il sera dirigé vers ce modèle de fichier qui se chargera d'afficher les articles qui lui sont liés.

Le code:

```php
<?php get_header(); ?>

<div id="content">

    <div id="main">

    <h2>Les articles appartenant à la catégorie: <?php single_cat_title(); ?></h2>

    <?php if ( have_posts() ) : ?>

    <?php while ( have_posts() ) : the_post(); ?>

        <h2><a href="<?php the_permalink(); ?>" ><?php the_title(); ?></a></h2>

        <?php the_content(); ?>

    <?php endwhile; ?>

    <?php endif; ?>
```

```
        </div>
```

```php
<?php get_sidebar(); ?>
```

```php
<?php get_footer(); ?>
```

tag.php: ce fichier sert à afficher les articles liés à une étiquette ; il possède presque le même contenu que celui du fichier « category.php », seule le marqueur de modèle qui permet d'afficher le nom de la catégorie change pour laisser la place à celui de l'étiquette, qui est le voici: `<?php single_tag_title(); ?>`

author.php: c'est dans ce modèle de fichier, que l'identité d'un auteur s'affichera, à partir du moment où le visiteur demandera à afficher l'auteur d'un article. Dans ce fichier se trouve bien évidemment les marqueurs habituel des pages, la boucle qui va servir à afficher les articles publiés par l'auteur, ainsi que les différents variables et leurs valeurs qui vont servir à afficher les informations concernant l'auteur, auxquels vous pouvez les trouver dans leurs totalités sur la page du codex de la section, à cette adresse: https://codex.wordpress.org/Author_Templates.

Le code:

```php
<?php get_header(); ?>

<div id="content">

    <div id="main">

    <h2>Les articles de: <?php the_author(); ?></h2>

    <?php if ( have_posts() ) : ?>

    <?php while ( have_posts() ) : the_post(); ?>

        <p class="description-auteur"><?php echo $curauth->description; ?></p>

        <h2><?php single_cat_title(); ?></h2>

        <h2><a href="<?php the_permalink(); ?>" ><?php the_title(); ?></a></h2>

        <?php the_content(); ?>

    <?php endwhile; ?>

    <?php endif; ?>

    </div>

<?php get_sidebar(); ?>
```

```php
<?php get_footer(); ?>
```

404.php: ce modèle de fichier permet d'afficher une page d'erreurs, au cas où le contenu demandé est introuvable. Il est structuré d'une manière à ce qu'il affiche un message d'erreurs, ainsi qu'un formulaire de recherche, qui va permettre au visiteur d'effectuer une autre recherche lié au sujet. Celui-ci sera inclue par le marqueur de modèle suivant: get_search_form().

Le code de 404.php:

```php
<?php get_header(); ?>

<div id="content">

        <div id="main">

        <h2> Page non trouvée</h2>

        <p>la page que vous cherchez est un introuvable, veuillez effectuer une autre recherche.</p>

        <?php get_search_form(); ?>

        </div>

<?php get_sidebar(); ?>

<?php get_footer(); ?>
```

search.php: ce fichier qui permet d'afficher les résultats d'une recherche, contient les marqueurs des parties de la page, la boucle qui affichera le résultat de la recherche, ainsi que les liens de pagination entre les articles. En fin le formulaire de recherche doit être de la partie pour permettre au visiteur d'effectuer une autre recherche, si les résultats obtenus ne lui sont pas satisfaisants.

Le code :

```php
<?php get_header(); ?>

<div id="content">

        <div id="main">

        <h2>Résultat de la recherche</h2>

        <?php if ( have_posts() ) : ?>

        <?php while ( have_posts() ) : the_post(); ?>

                <h2><a href="<?php the_permalink(); ?>" ><?php the_title(); ?></a></h2>
```

```php
        <?php the_content(); ?>

        <?php get_search_form(); ?>

    <?php endwhile; ?>

    <?php endif; ?>

    </div>

<?php get_sidebar(); ?>

<?php get_footer(); ?>
```

functions.php: celui-ci permet d'ajouter des fonctionnalités au thème.

Screenshot.png: cette image au format PNG, sert à donner une illustration au thème sur l'espace d'administration de WordPress.

Développement d'un thème WordPress

Un thème WordPress est composé par plus ou moins des fichiers modèles que nous venons de découvrir au sein du chapitre précédent. Maintenant que nous souhaitons développer notre propre thème, il ne nous reste plus qu'à créer et structurer ces fichiers de modèle, afin d'obtenir un thème WordPress digne de ce nom. Pour cela il va de soi que nous suivons des étapes bien précises tout au long de la création du thème, jusqu'à l'étape finale, qui est celle de son installation.

Ces étapes seront instituées en première lieu par celle de la création du dossier du thème ainsi que les différents fichiers modèles. Viendra ensuite celle de l'habillage et de la mise en forme des différents éléments. L'étape finale sera celle de l'installation et de l'activation du thème nouvellement créé dans WordPress.

Mise en route du projet: création du dossier et des fichiers du thème

Bien que les thèmes WordPress se situent à la racine de celui-ci, comme nous avons eu à le voir au cours de l'installation d'un thème manuellement, plus précisément dans le répertoire « /wp-content/themes/ » ; nous pouvons commencer à créer notre thème dans celui-ci directement, comme nous pouvons le créer ailleurs et le copier par la suite dans ce répertoire, une fois que nous aurons terminé l'opération afin de l'installer. D'ailleurs nous allons opter pour la seconde option mais rien ne vous empêche de le créer directement dans le répertoire des thèmes, surtout si vous travaillez en local.

Pour ce faire, que vous soyez dans le répertoire des thèmes ou sur n'importe quel endroit de votre ordinateur, commencez par créer le dossier de votre thème et donnez-lui un nom qui lui correspond ; sans bien évidemment les espaces et les caractères spéciaux qui sont vivement déconseillés. Dans ce dossier, créez les fichiers modèles de WordPress, dont nous venons de découvrir au sein du chapitre précédent. A savoir, pour rappel, les fichiers suivants: style.css – index.php – header.php – sidebar.php – footer.php – single.php – page.php – author.php – category.php – archive.php – tag.php – 404.php – search.php.

Une fois cela fait, ouvrez le fichier « style.css » et saisissez les informations nécessaires que doit avoir un thème, afin qu'il soit reconnu comme par WordPress (à savoir son nom, sa description, son adresse, le nom de l'auteur, son adresse), puis enregistrer.
Comme ceci:

/*
Theme Name: Soul Cms
Theme URI: http://www.soulcms.com

Description: Un thème simple avec un entête, deux colonnes et un pied de page
Author: Soul Cms team
Author URI: http://www.soulcms.com
/

Pour le reste des fichiers modèles, recopiez les codes de chacun à partir de ce que nous avons vu sur le chapitre précédent.

Enfin en ce qui concerne l'image qui servira d'illustre pour le thème dans l'espace d'administration de WordPress, créez en une au format PNG, avec une taille de 300*240 pixels, nommez la « screenshot.png » et placez la dans le même dossier au côté des autres fichiers modèles du thème.

A partir de maintenant, nous avons un thème complet prêt à être installé et paramétré. Reste maintenant l'habillage et le formatage de celui-ci.

Habillage du thème

L'habillage et la mise en forme d'un thème WordPress, tout comme celui d'un site web, dépend du CSS. Dans cet exemple, nous allons faire simples, à telle sorte que tout le monde puisse s'y trouver facilement. Reste à vous de faire évoluer le travail ou de le faire à votre manière pour obtenir un résultat final qui répondra à vos gouts ou à vos ambitions.

Pour cela, nous allons structurer notre thème en quatre bloc : l'entête, le contenu d'articles et des pages, la barre latérale, le pied de page.

Le premier bloc est celui qui fera figure d'entête pour nos pages. Il sera placé bien évidement en haut de la page, avec un fond bleu. Seront incorporé dessus, le titre et la description du site qui seront placés au centre de celui-ci. Le deuxième bloc, sera celui qui affichera le contenu, il aura une largeur de 700px, sera aligné à gauche et aura une bordure fine de couleur bleu. Quant au troisième qui sera celui de la barre latérale aura une largeur de 230px, sera aligné à droite, il servira à afficher les différents widgets et aura une bordure aussi en bleu. En fin le quatrième bloc qui fera office de pied de page, aura aussi un fond bleu et affichera le contenu de celui-ci. Le tout sera incorporé dans un bloc qui sera centré et aura une largeur de 970px.

Après avoir réalisé tout cela, nous ajouterons deux barres de navigation (supérieure et inférieure), qui feront partie aussi du bloc d'entête.

Livre DSBASEC

Un site utilisant WordPress

Ma première page

Vide, quantum, inquam, fallare, Torquate. oratio me istius philosophi non offendit; nam et complectitur verbis, quod vult, et dicit plane, quod intellegam; et tamen ego a philosopho, si afferat eloquentiam, non asperner, si non habeat, non admodum flagitem. re mihi non aeque satisfacit, et quidem locis pluribus. sed quot homines, tot sententiae; falli igitur possumus.

Equitis Romani autem esse filium criminis loco poni ab accusatoribus neque his iudicantibus oportuit neque defendentibus nobis. Nam quod de pietate dixistis, est quidem ista nostra existimatio, sed iudicium certe parentis; quid nos opinemur, audietis ex iuratis; quid parentes sentiant, lacrimae matris incredibilisque maeror, squalor patris et haec praesens maestitia, quam cernitis, luctusque declarat.

Auxerunt haec vulgi sordidioris audaciam, quod cum ingravesceret penuria commeatuum, famis et furoris inpulsu Eubuli cuiusdam inter suos clari domum ambitiosam ignibus subditis inflammavit rectoremque ut sibi iudicio imperiali addictum calcibus incessens et pugnis conculcans seminecem laniatu miserando discerpsit. post cuius lacrimosum interitum in unius exitio quisque imaginem periculi sui considerans documento recenti similia formidabat.

Rechercher :

[Rechercher]

Méta

Admin. du Site
Déconnexion
Flux
RSS
des articles
RSS
des commentaires
Site de WordPress-FR

Pied de page

Maquette du thème

Quant à la mise en forme du contenu du thème, je vous laisse le soin d'y faire, bon connaisseur que vous êtes. Petit conseil, avant de vous y mettre veillez à mettre les éléments auxquels vous ne connaissez pas les attributs, dans des balises div ; ou bien servez-vous de l'outil d'inspection d'éléments de votre navigateur, afin de découvrir l'attribut de l'élément auquel vous ignorez ; ensuite les mettre en forme à partir de votre fichier de style, étant donné que WordPress possède déjà ces propres éléments prédéfinis au sein de son code source.

L'image à la une

Parmi les éléments que vous pouvez trouver au sein d'un article de WordPress, dont nous n'avons pas évoqué jusqu'ici, figure l'image à la une. Celle-ci ne s'obtient que lorsque le marqueur de modèle suivant « the_post_thumbnail() », est inséré dans un fichier modèle. Là encore, n'oubliez pas de le mettre dans une balise, ou bien de faire appel à l'outil d'inspection de votre navigateur, pour découvrir son attribut et le mettre en forme par la suite.

Ce marqueur de modèle comme la plupart d'entre eux, prend plusieurs paramètres. Parmi eux figurent celles, qui servent à insérer afficher l'image à la une avec une taille spécifique.
La première est « thumbnail »; qui permet d'afficher l'image à la une avec la taille de 150 x 150px, c'est avec ce paramètre d'ailleurs, que nous allons nous servir dans notre exemple pour afficher l'image à la une. Voici à quoi va être notre marqueur de modèle au complet: <?php the_post_thumbnail('thumbnail'); ?>.

```
// without parameter -> Post Thumbnail (as set by theme using set_post_thumbnail_size())
the_post_thumbnail();

the_post_thumbnail('thumbnail');        // Thumbnail (default 150px x 150px max)
the_post_thumbnail('medium');           // Medium resolution (default 300px x 300px max)
the_post_thumbnail('large');            // Large resolution (default 640px x 640px max)
the_post_thumbnail('full');             // Original image resolution (unmodified)

the_post_thumbnail( array(100,100) );   // Other resolutions
```

Les autres paramètres de la taille

Mettre le système des commentaires en forme

Comme avec les autres marqueurs de modèle, vous avez le choix de placer celui des commentaires à l'intérieur des balises, afin de pouvoir mettre tous son contenu en forme, ou bien de vous servir de l'outil d'inspection du navigateur. Notez que le fichier modèle des commentaires se trouve dans le répertoire de WordPress, dans le dossier « wp-includes/comments-template.php », ce qui fait que vous pouvez ouvrir le fichier et l'inspecter directement, pour mettre en forme son contenu.

La barre latérale

La barre latérale est l'espace sur laquelle les Widgets vont être affiché. De ce fait, pour pouvoir faire cela, il faut d'abord rendre le thème widget-ready ; cela signifie, rendre active les Widgets au sein du thème. Pour faire cela ouvrez le fichier « functions.php », saisissez ensuite la fonction qui permet d'enregistre la barre latérale auprès de WordPress: « register_sidebar () ». Puis ouvrez le fichier « sidebar.php » et saisissez le marqueur de modèle « dynamic_sidebar() ». Ce dernier va permettre d'afficher les Widgets sur cet endroit. Là encore, placez ce dernier dans une balise « div », ou bien encore, de vous servir de l'outil d'inspection de code, afin de pouvoir mettre en forme le contenu des Widgets.

Barres de navigation

Comme évoqué au début de ce chapitre, deux barres de navigation feront partie de notre thème, et prendront place dans le bloc d'entête. L'une sera placée en dessus du titre du site et aligné à droite, l'autre placée en dessous du titre et aligné à gauche.

Pour cela, il va falloir tout d'abord activé les deux barres de menus et les faire intégrer dans le backoffice de WordPress, plus précisément dans la catégorie « menu », par le biais de la fonction qui permet d'intégrer et d'enregistrer un menu de navigation au sein de WordPress « register_nav_menu() ». Au sein de cette fonction, figureront les paramètres et les attributs qui vont permettre d'activer et d'enregistrer les deux menus.

Le code:

```
register_nav_menus( array(

    'primaire' => 'Menu primaire',

    'secondaire' => 'Menu secondaire'

    ) );
```

Réglages du menu

Ajoutez automatiquement ☑ Ajouter automatiquement les nouvelles pages principales de haut niveau à ce menu
des pages

Emplacements du thème ☐ Menu primaire
                    ☐ Menu secondaire

Supprimer le menu   Enregistrer le menu

Présence de deux menus dans le backoffice

Ensuite, ces menus nous allons devoir, les insérer dans le fichier « header.php », afin qu'ils soient affichés sur l'entête du thème comme prévu.

Pour ce faire, nous allons saisir cette fonction qui sert à afficher un menu sur un fichier modèle : « wp_nav_menu() ». Cette fonction, nous lui attribuerons deux paramètres ; la première consiste à faire savoir au thème, de quel menu va-t-il afficher ; la deuxième consiste à justifier, si ce menu va être ou non le principal du thème, c'est-à-dire le menu qui sera affiché par défaut.

Le code complet des deux menus:

Premier menu:

```
<?php wp_nav_menu(array(

    'theme_location' => 'primaire',

    'fallback_cb' => false

    ));?>
```

Deuxième menu:

```
<?php wp_nav_menu(array(

    'theme_location' => 'secondaire',

    'fallback_cb' => false

    ));?>
```

Vous remarquez qu'ici aucun des deux menus n'est le principal du thème, ça sera à l'administrateur de les activer à partir du back-Office de WordPress. Pour activer un de ces deux menus par défaut, il suffira de remplacer la valeur « false » par « tru ».

Les éléments des menus seront placés automatiquement dans des balises « ul », cependant n'oubliez pas de les placer dans des balises div, pour la mise en forme.

Ajouter d'autres fichiers modèles

En plus des fichiers modèles propres à WordPress, vous avez la possibilité d'ajouter d'autres fichiers modèles (afin d'en afficher un contenu spécifique), auxquels ils sont sélectionnés comme modèle de page à partir du module « attribut de page » au moment de la création de celle-ci. Et c'est le cas par exemple d'un modèle de page sans une barre latérale ou tout autre modèle de page, avec un contenu spécifique ou une mise en forme différente à celle des autres.

choix du modèle de page sur le module attribut de la page

Pour créer un autre fichier modèle, dans le dossier des fichiers du thème, créez en un (toujours au format PHP), et donnez le un nom différent à ceux des autres déjà présents. A l'intérieur de ce fichier au tout début, saisissez ce bout de code:

```
<?php

/*

Template Name: Nom du modèle de fichier

*/

?>
```

Remplacez le nom du modèle de fichier, à l'intérieur de ce bout de code, par celui du votre, auquel apparaitra sur la liste, parmi les modèles de fichier présents sur le module « attribut de page » ; puis poursuivez la création de votre modèle de fichier.

Exemple d'un modèle de fichier pour une page sans une barre latérale « page-sans-barre-laterale.php » :

```php
<?php
/*
Template Name: Page sans barre latérale
*/
?>


<?php get_header(); ?>
<div id="content">
        <div id="main-simple">
        <?php if ( have_posts() ) : ?>
        <?php while ( have_posts() ) : the_post(); ?>
                <h2><?php the_title(); ?></h2>
                <?php the_content(); ?>
        <?php endwhile; ?>
        <?php endif; ?>
        </div>
</div>
<?php get_footer(); ?>
```

Rendre son thème compatible avec WooCommerce

Comme nous le savons tous, un thème WordPress n'est pas automatiquement, compatible avec l'extension de commerce électronique, WooCommerce. Cependant pour rendre un thème compatible à cette dernière, il y a deux options:

- la première consiste à dupliquer le fichier page.php, au sein du dossier du thème et le renommer « woowommerce.php » ; ensuite ouvrez ce fichier nouvellement créé et à la place de la boucle, placez la fonction

« woocommerce_content() ». C'est elle qui va permettre d'afficher les produits de la boutique.

comme ceci:

```php
<?php get_header(); ?>
<div id="content">
        <div id="main">
        <?php woocommerce_content(); ?>
        </div>
<?php get_sidebar(); ?>
<?php get_footer(); ?>
```

- la deuxième consiste à se servir des hooks (filtres). Ses filtres représentés en quelques lignes de code, vont permettre d'intégrer et d'afficher le contenu de la boutique sans créer le fichier « woocommerce.php », mais juste insérer ces quelques lignes de code dans le fichier « fuctions.php », qui vont permettre d'effectuer cela. Voici ces hooks en question:

```php
remove_action( 'woocommerce_before_main_content',
'woocommerce_output_content_wrapper', 10);
        remove_action( 'woocommerce_after_main_content',
'woocommerce_output_content_wrapper_end', 10);
        add_action('woocommerce_before_main_content',
'my_theme_wrapper_start', 10);
        add_action('woocommerce_after_main_content',
'my_theme_wrapper_end', 10);
        function my_theme_wrapper_start() {
                echo '<section id="main">';
        }
        function my_theme_wrapper_end() {
                echo '</section>';
        }
```

Vous avez remarqué la présence des deux fonctions présentes à la fin du code, qui représentent le début et la fin de la balise à l'intérieur de laquelle seront affichés les produits de la boutique. Cette balises qui s'ouvre avec <section id="main">, et se ferme avec </section>, doit être remplacée par celle du thème. Pour notre cas, nous allons remplacer <section id="main"> par <div id="main"> et </section> par </div>, et le tour est joué.

Dernière option, que vous vous en serviez de la première ou de la deuxième solution, vous allez devoir ajouter un bout de code, dans le fichier « functions.php », pour déclarer la compatibilité du thème, afin d'éviter l'affichage d'un message dans le back-Office indiquant que le thème n'est pas supporté par WooCommerce.

Ce bout de code est le suivant:

```php
add_action( 'after_setup_theme', 'woocommerce_support' );
```

```
function woocommerce_support() {

add_theme_support( 'woocommerce' );

}
```

En fin pour terminer, en ce qui concerne la mise en forme, WooCommerce possède déjà sa propre mise en forme par défaut, et qui n'a rien à envier à d'autres ; néanmoins, si vous souhaitez modifier celle existante, vous pouvez soit le faire à partir du fichier CSS de WooCommerce, qui se localise à cette adresse: « wp-content/plugins/WooCommerce/assets/css/WooCommerce.css ».
Ou bien de mettre en forme à partir de la balise de votre thème dans laquelle la fonction de WooCommerce s'y trouve.

Récapitulatif

Au cours de ce chapitre consacré au développement d'un thème WordPress, qui fait office de travaux pratique, auquel vous trouverez le résultat final sur la partie annexe de ce bouquin, nous avons ensemble:

-   élaboré un plan de développement d'un thème.
-   organisé la charte graphique ainsi que la mise en forme.
-   créé un autre fichier modèle en plus de ceux de WordPress.
-   rendu le thème, compatible avec WooCommerce.

Annexe A

Liste de quelques extensions plus ou moins indispensables

Catégorie : Installation et paramétrage

WordPress Maintenance Mode : Permet de mettre le site en mode maintenance ou en construction. Alternative : **Coming Soon and Maintenance Mode – Ultimate Landing Page – WP Construction Mode – Maintenance Page – Easy Construction Soon – Underconstruction.**

All In One Favicon : Permet d'ajouter un favicon au site. Alternative : **WP Favicon – Custom Favicon – Blog Icon – Shocking Simple Favicon – Favicon by RealFavicon Generator**.

Add Logo To Admin : Permet d'ajouter un logo, à la place de celui de WordPress, sur la page de connexion de l'espace d'administration. Permet aussi de remplacer celui de l'en-tête de l'espace d'administration par un autre. Alternative : **WP Custom Login Page – Customer Backoffice – MS Custom Login – Login Logo Editor – Simple Login Screen Customer**.

Background Manager : Permet de remplacer et paramétrer l'image d'arrière-plan d'un site. Alternative : **Better Background – WP-Background Lite – Full Screen Background Images – Full Back**.

W3 Total Cache : Permet d'optimiser la vitesse du chargement du site. Alternative : **WP Super Cache – Zen Cache – Quick Cache – WP-Cache.com – WP Rocket – WP Fatest Cache**.

Catégorie : Paramétrage et configuration

Dynamic Widget : Donne le contrôle d'afficher ou non un certain widget sur la barre latérale. Alternative : **WP Page Widget – Display Widget – Widget Logic**.

WP Custom Widget Area : Permet de créer des zones de widget. Alternative : **Custom Sidebars – Widget Instance – Widgetize Pages Light**.

Menu Image : Permet d'ajouter et afficher des images aux côtés des liens du menu du site.

HG Slider : Permet de créer des slides pour le site. Alternative : **Simple AI Slider – Slider WD – Easing Slider – MG Parallax Slider**.

Tabs Shortcode and Widget : Sert à créer et à insérer des onglets partout sur le site.

Catégorie : Paramétrage et édition

Tiny MCE Advanced : Ajoute des fonctionnalités supplémentaires à l'éditeur de texte de WordPress. Alternative : **Frontier Buttons – WP Edit**.

Flexible Posts Widgets : Sert à afficher les publications du site avec plusieurs options sur les barres latérales.

WP-Page Navi : Permet d'insérer des éléments de pagination sur le site. Alternative : **Page Links Plus**.

Front End Editor : Permet d'éditer le contenu du site, en dehors de l'espace d'administration.

BreadCumb NAVXT : Permet d'insérer un fil d'Ariane pour les articles et les pages du site.

WP Post Ratings : Permet d'évaluer les articles ou pages du site. Alternative : **Like Button Votings and Rating – WP Ulike**.

Catégorie : Multimédia

Next Gen Gallery : Permet d'insérer et d'administrer des galeries d'images au sein du site. Alternative : **Grand Fia Gallery – Photo Gallery – Gallery Bank – Portfolio Gallery – Image Gallery**.

Viper's Video Quicktags : Permet d'insérer des vidéos provenant des différentes plateformes d'hébergement. Alternative : **Youtube Embed – Video Gallery – WordPress Video Player – Vooplayer – Video Embed and Thumbnail Generator**.

MP3-Jplayer : Permet d'insérer un lecteur audio, voire une liste de lecture sur le site. Alternative : **Sondy Audio Playlist – Compact WP Audio Player – HTML5 JQuerry Audio Player – Seriously Simple Podcasting – Media Modal**.

Embed Any Document : Permet d'insérer et d'afficher des documents numériques sur le site (PDF, Office et bien d'autres). Alternative : **WordPress PDF – Light Viewer Plugin – Group Docs.Viewer for Cloud – Cloud Services Viewer**.

WP Flash : Permet d'insérer des animations flash sur le site. Alternative : **Flash Show And Hide Box**.

Catégorie : Commentaire

Akismet : Permet de protéger le site contre les spams. Alternative : **GASP – WP Anti Spam – Anti-Spam – Block Spam**.

Disqus : Un système de commentaire, pouvant remplacer celui de WordPress. Alternative: **Jet pack - Livefyre Comments 3**.

Social Login : Permet aux visiteurs de commenter ou de se connecter à partir des comptes sociaux. Alternative : **Facebook Comment – Comments Evolved – Twitter Link Comments**.

Easy Gravatars : Permet aux internautes d'insérer des gravatars à leurs statuts.

Catégorie : Sécurité

Limit Login Attempt : Limite les nombres de tentatives de connexion. En gros, elle protège le site contre *les brute force*. Alternative : **Move Login – IP Geo Block – Brute Force Login Protection – WordPress Simple Security Firewall**.

BackUpWordpress : Permet d'effectuer des sauvegardes du site, en entier, manuellement ou automatiquement. Alternative : **WP BackItUp – Keep BackUp Daily – BackUp – WP Backup**.

Plugin Security Checker : Permet d'être tenu en alerte, en cas d'installation ou d'utilisation d'une extension malveillante. Alternative : **WP Plugin Security Check – Ultimate Security Checker**.

Look-see Security Scanner : Vérifie toutes les inégalités liées à toute l'installation de WordPress. Alternative : **Total Security – All In One WP Security and Firewall**.

Antivirus : Protège le site contre les éventuels virus et irrégularités. Alternative : **WP Secure Ops Easy Firewall – Bullet Proof Security**.

Catégorie : Sites sociaux et interactivités

BuddyPress : Permet de créer un réseau social. Alternative : **WP Symposium Pro Social Network Plugin**.

bbPress : Permet d'installer un forum sur le site. Alternative : **CM Answers – Vanilla Forums**.

Quick Chat : Permet d'installer une solution de chat au sein du site. Alternative : **Flexy Talk – MyLiveChat – Formilla Live Chat**.

Click Desk Live Support : Permet d'intégrer un service de chat et de conversation audio entre l'administrateur du site et le visiteur. Alternative : **Zopium Live Chat – Free Live Chat by Tidio – HTML5 Online Chat Room Widget – Live Chat**.

Contact Forum 7 : Sert à créer et insérer un ou plusieurs formulaires de contact au sein du site. Alternative : **Contact Form To Email – Caldera Forms**.

Catégorie : E-commerce et divers

WooCommerce : Permet de créer une boutique électronique. Alternative : **Jigoshop – WP E-commerce – Easy Digital Downloads – Eshop**.

WP Google Maps : Permet d'ajouter et de personnaliser la carte Google maps sur le site. Alternative **: Gmap Shortcode – Google Maps Easy – Robo Maps – Google Maps Mlugin – Google Maps Widget – Slick Google Maps**.

Jetpack : Permet d'ajouter plusieurs fonctionnalités sur le site. Parmi eux : le référencement, la sécurité, un système de commentaire, l'optimisation du site, l'adaptation d'un thème *responsive*.

WP Touch Mobile Plugin : Permet d'activer un thème *responsive* (adapté aux appareils mobile). Alternative : **Jetpack – WordPress Mobile Pack – WP Mobile Edition**.

Catégorie : SEO et contact

WordPress Seo by Yoast : Permet d'optimiser le référencement du site. Alternative : **All In One Seo Pack – Seo WordPress – Seo by Squirly – Google XML Sitemaps**.

MailPoet Newsletters : Permet d'intégrer un système de gestion de mail, auto-répondeur, au sein du site. Alternative : **Mail Chimp – Aweber – Sola Newsletters – Email Suscribers**.

Polylang : Permet de traduire le site en plusieurs langues.

Add Link To Facebook : Permet d'ajouter un lien automatiquement sur le mur d'un compte Facebook, une fois qu'un article a été publié sur le site. Alternative : **Custom Facebook Feeb – Microblog Poster**.

Share Buttons by Get Social.io : Permet d'insérer des boutons permettant de partager le contenu du site sur les réseaux sociaux. Alternative : **AddThis – Share Buttons by E-MAIlT**.

WP Facebook Fanbox : Permet d'insérer un module permettant aux visiteurs de s'abonner sur la page Facebook. Alternative : **Facebook Members – Facebook FanBox Popup – Fb Widget**.

WP RSS Aggregator : Permet d'importer et d'afficher le flux rss du site. Alternative : **WP RSS Multi Importer**.

WP Category Tag Cloud : Permet de créer des images des mots clés. Alternative : **Tag Groups – Catégorized Tag Coud – Configurable Tag Cloud – 3D WP Tag Cloud-S**.

Annexe B

WordPress : https://wordpress.org/themes/

Template Monster : http://www.templatemonster.com/fr/type/themes-wordpress/

Themeforest : http://themeforest.net/category/wordpress

Yoast : https://yoast.com/wordpress/themes/

Elegant Themes : http://www.elegantthemes.com/

The theme foundry : https://thethemefoundry.com/

WooThemes :http://www.woothemes.com/

Theme Trust : http://themetrust.com/

Jigoshop : https://www.jigoshop.com/

Mojo Themes : http://www.mojo-themes.com/categories/wordpress/

Codecanyon : http://codecanyon.net/category/wordpress

Creative Market : https://creativemarket.com/themes/wordpress

Graph Paper Press : http://graphpaperpress.com/

Obox themes : http://oboxthemes.com/

Theme Hybrid : http://themehybrid.com/

Studio Press : http://www.studiopress.com/

Organic Themes : http://organicthemes.com/

Press75 : http://press75.com/

Theme Grade : http://www.themegrade.com/

New WordPress Themes : https://newwpthemes.com/

Theme Fuse : http://themefuse.com/

Annexe C

Résultat final du thème développé dans le TP:

style.css

```
/*
Theme Name: Soul-Cms
Theme URI: http://www.soul-cms.com
Description: Un thème simple avec une entête, deux colonnes et un pied de page
Author: Soul-Cms team
Author URI: http://www.soul-cms.com
*/

/* Reset CSS*/

html, body, div, span, applet, object, iframe,
h1, h2, h3, h4, h5, h6, p, blockquote, pre,
a, abbr, acronym, address, big, cite, code,
del, dfn, em, img, ins, kbd, q, s, samp,
small, strike, strong, sub, sup, tt, var,
b, u, i, center,
dl, dt, dd, ol, ul, li,
fieldset, form, label, legend,
table, caption, tbody, tfoot, thead, tr, th, td,
article, aside, canvas, details, embed,
figure, figcaption, footer, header, hgroup,
menu, nav, output, ruby, section, summary,
time, mark, audio, video{
    display: block;
        margin: 0;
        padding: 0;
        border: 0;
        font-size: 100%;
        font: inherit;
        vertical-align: baseline;
}

body{
    line-height: 1;
}
```

```css
h1, h2, h3, h4, h5, h6 {
    clear: both;
    font-weight: normal;
}

/* Debut de code */

#page{
        position: relative;
        margin: 0 auto 10px;
        padding: 20px 0 0;
        width: 970px;
}

/* Entête */

#header{
        background-color: #99CEE3;
}

.titre-entete {
        color: black;
    font-weight: bold;
        font-size: 55px;
        text-align: center;
        text-decoration: none;
        clear: both;
}

.titre-entete a{
        color: black;
        text-decoration: none;
}

.description-entete{
        vertical-align: middle;
        text-align: center;
        clear: both;
        padding-bottom: 5px;
}

/* Menu */
```

```css
.menu-primaire{
    display: inline-block;
    width: 970px;
    text-align: right;
}

.menu-primaire ul{
    list-style-type: none;
}

.menu-primaire li{
    display: inline-block;
    margin-right: 15px;
}

.menu-secondaire{
    display: inline-block;
    width: 970px;
    text-align: left;
}

.menu-secondaire ul{
    list-style-type: none;
}

.menu-secondaire li{
    display: inline-block;
    margin: 5px;
}

/* contenu */

#main{
        display: inline-block;
    vertical-align: top;
    text-align: justify;
        border: 1px solid blue;
        width: 700px;
    font-size: 16px;
    line-height: 24px;
        padding: 0 10px 12px;
        margin:10px 0 5px;
}
```

```css
#main h2{
    font-weight: bold;
        font-size: 20px;
        padding: 8px 0;
}
```

/* Pagination article */

```css
.suivant{
        text-align: right;
}
```

/* Commentaire */

```css
#commentaire{
        padding: 0 10px;
}
```

/* Barre latterale */

```css
#aside{
        display: inline-block;
        position: relative;
        vertical-align: top;
    text-align: justify;
        border: 1px solid blue;
        width: 230px;
        padding: 2px 5px 12px;
        margin: 10px 0 5px;
}
```

```css
#aside li{
        list-style: none;
        padding: 2px 5px;
}
```

```css
#aside h2{
    font-weight: bold;
        font-size: 20px;
        background-color: #99CEE3;
        padding: 8px 0;
}
```

/* Pied de page */

```css
#footer{
        background-color: #99CEE3;
        height: 70px;
}

#footer p{
        line-height:70px;
        text-align: center;
}

/* Page sans barre latérale */

#main-simple{
        border: 1px solid blue;
        text-align: justify;
        font-size: 16px;
    line-height: 24px;
        padding: 0 10px 12px;
        margin:10px 0 5px;
}
```

index.php

```php
<?php get_header(); ?>

<div id="content">

        <div id="main">

        <?php if ( have_posts() ) : ?>

        <?php while ( have_posts() ) : the_post(); ?>

                <h2><a href="<?php the_permalink(); ?>" ><?php the_title();
?></a></h2>

                <?php the_post_thumbnail('thumbnail'); ?>

                <?php the_content(); ?>

        <?php endwhile; ?>

        <?php endif; ?>

        </div>

<?php get_sidebar(); ?>
```

```php
<?php get_footer(); ?>
```

header.php

```php
<!DOCTYPE html>

<html <?php language_attributes(); ?>>

<head>

        <meta charset="<?php bloginfo( 'charset' ); ?>">

        <title><?php wp_title('|', true, 'right'); ?></title>

        <link rel="stylesheet" href="<?php bloginfo('stylesheet_url'); ?>"
type="text/css" />

        <?php wp_head(); ?>

</head>

<body <?php body_class(); ?>>

<div id ="page">

        <div id="header">

                <div class="menu-primaire">

                <?php wp_nav_menu(array(

                'theme_location' => 'primaire',

                'fallback_cb' => false

                ));?>

                </div>

                <h1 class="titre-entete"><a href="<?php bloginfo('url'); ?>"><?php
bloginfo('name');?></a></h1>

                <div class="description-entete">

                <?php bloginfo ('description');?>

                </div>

                <div class="menu-secondaire">

                <?php wp_nav_menu(array(

                'theme_location' => 'secondaire',
```

```
                    'fallback_cb' => false

                ));?>

                </div>

        </div>
```

```
<div id="aside">

        <?php dynamic_sidebar(); ?>

</div>

</div><!-- /content -->
```

```
<div id="footer">

        <p>Pied de page</p>

</div>

</div><!-- /page -->

<?php wp_footer(); ?>

</body>
```

```
<?php get_header(); ?>

<div id="content">

        <div id="main">

        <?php if ( have_posts() ) : ?>

        <?php while ( have_posts() ) : the_post(); ?>

                <h2><?php the_title(); ?></h2>

                <h4>Posté le: <?php the_date(); ?> dans <a href="<?php
the_permalink(); ?>" ><?php the_category(', '); ?></a> par: <?php
the_author_posts_link(); ?></h4>

                <?php the_post_thumbnail('thumbnail'); ?>

                <?php the_content(); ?>
```

```php
        <p class="mots-cles"><?php the_tags(); ?></p>
        <div class="precedent"><?php previous_post_link(); ?></div>

        <div class="suivant"><?php next_post_link(); ?></div>
    <div id="commentaire">
  <?php comments_template(); ?>
    </div>
    <?php endwhile; ?>
    <?php endif; ?>
    </div>
<?php get_sidebar(); ?>
<?php get_footer(); ?>
```

page.php

```php
<?php get_header(); ?>
<div id="content">
        <div id="main">
        <?php if ( have_posts() ) : ?>
        <?php while ( have_posts() ) : the_post(); ?>
                <h2><?php the_title(); ?></h2>
                <?php the_content(); ?>
        <?php endwhile; ?>
        <?php endif; ?>
        </div>
<?php get_sidebar(); ?>
<?php get_footer(); ?>
```

category.php

```php
<?php get_header(); ?>
```

```
<div id="content">

        <div id="main">

        <h2>Les articles appartenant à la catégorie: <?php single_cat_title(); ?></h2>

        <?php if ( have_posts() ) : ?>

        <?php while ( have_posts() ) : the_post(); ?>

                <h2><a href="<?php the_permalink(); ?>" ><?php the_title();
?></a></h2>

                <?php the_content(); ?>

        <?php endwhile; ?>

        <?php endif; ?>

        </div>

<?php get_sidebar(); ?>

<?php get_footer(); ?>
```

archive.php

```
<?php get_header(); ?>

<div id="content">

        <div id="main">

        <?php if ( have_posts() ) : ?>

        <?php while ( have_posts() ) : the_post(); ?>

        <h2><a href="<?php the_permalink(); ?>" ><?php the_title(); ?></a></h2>

                <?php the_content(); ?>

        <?php endwhile; ?>

        <?php endif; ?>

        </div>

<?php get_sidebar(); ?>

<?php get_footer(); ?>
```

author.php

```php
<?php get_header(); ?>
<div id="content">
        <div id="main">
        <h2>Les articles de: <?php the_author(); ?></h2>
        <?php if ( have_posts() ) : ?>
        <?php while ( have_posts() ) : the_post(); ?>
                <p class="description-autheur"><?php echo $curauth->description;
?></p>
                <h2><?php single_cat_title(); ?></h2>
                <h2><a href="<?php the_permalink(); ?>" ><?php the_title();
?></a></h2>
                <?php the_content(); ?>
        <?php endwhile; ?>
        <?php endif; ?>
        </div>
<?php get_sidebar(); ?>
<?php get_footer(); ?>
```

404.php

```php
<?php get_header(); ?>
<div id="content">
        <div id="main">
        <h2> Page non trouvée</h2>
        <p>la page que vous cherchez est un introuvable, veuillez effectuer une autre
recherche.</p>
        <?php get_search_form(); ?>
        </div>
<?php get_sidebar(); ?>
<?php get_footer(); ?>
```

```php
<?php get_header(); ?>

<div id="content">

        <div id="main">

        <h2>Résultat de la recherche</h2>

        <?php if ( have_posts() ) : ?>

        <?php while ( have_posts() ) : the_post(); ?>

                <h2><a href="<?php the_permalink(); ?>" ><?php the_title();
?></a></h2>

                <?php the_content(); ?>

                <?php get_search_form(); ?>

        <?php endwhile; ?>

        <?php endif; ?>

        </div>
<?php get_sidebar(); ?>

<?php get_footer(); ?>
```

functions.php

```php
<?php

        // activation de la zone des widgets

        register_sidebar();

        // Activation des barres de menu

        register_nav_menus( array(

        'primaire' => 'Menu primaire',

        'secondaire' => 'Menu secondaire'

        ) );


        // WooCommerce support
```

```php
add_action( 'after_setup_theme', 'woocommerce_support' );

function woocommerce_support() {

    add_theme_support( 'woocommerce' );

}

// Hooks woocommerce

remove_action( 'woocommerce_before_main_content',
'woocommerce_output_content_wrapper', 10);

remove_action( 'woocommerce_after_main_content',
'woocommerce_output_content_wrapper_end', 10);

add_action('woocommerce_before_main_content', 'my_theme_wrapper_start',
10);

add_action('woocommerce_after_main_content', 'my_theme_wrapper_end',
10);

function my_theme_wrapper_start() {

        echo '<section id="main">';

}

function my_theme_wrapper_end() {

        echo '</section>';

}
?>
```

woocommerce.php

```php
<?php get_header(); ?>
<div id="content">

    <div id="main">

    <?php woocommerce_content(); ?>

    </div>
<?php get_sidebar(); ?>
<?php get_footer(); ?>
```

page-sans-barre-laterale.php

```php
<?php
/*
Template Name: Page sans barre latérale
*/
?>


<?php get_header(); ?>
<div id="content">
        <div id="main-simple">
        <?php if ( have_posts() ) : ?>
        <?php while ( have_posts() ) : the_post(); ?>
                <h2><?php the_title(); ?></h2>
                <?php the_content(); ?>
        <?php endwhile; ?>
        <?php endif; ?>
        </div>
</div>
<?php get_footer(); ?>
```

Auteur

S. Youssouf est développeur web et consultant indépendant, il est spécialisé dans le domaine de la conception des sites web reposant sur des CMS écrits en PHP. Passionné par le monde digital dans son ensemble, il passe son temps à coder, à écrire et à bidouiller des objets connectés.

Pour tout contact : s.youssoufas@gmail.com

www.ingramcontent.com/pod-product-compliance
Lightning Source LLC
Chambersburg PA
CBHW051314170526
45166CB00002B/540